HENRY LÉON

Malentendus

Sociaux et Politiques

AVEC UNE PRÉFACE

DE

M. YVES GUYOT

PRIX : 1 Franc

LE HAVRE
L. DOMBRE
10, place de l'Hôtel-de-Ville

PARIS
GUILLAUMIN ET Cie
14, Rue Richelieu

et aux bureaux du "SIÈCLE"
12, Rue Grange Batelière
PARIS

Malentendus

Sociaux et Politiques

Malentendus

Sociaux et Politiques

PUBLICATIONS DU "SIÈCLE"

La loi sur les bureaux de placement, par Yves Guyot Prix 0.25
La Réglementation officielle du tra-
vail.................................... » » 0.25
La Répartition de la propriété immo-
bilière en France.................... » » 0.25
Les Préjugés socialistes............ » » 0.10
Protectionnisme et Socialisme...... » » 0.10
Le Capital.......................... » » 0.10
Le Travail.......................... » » 0.10
La Situation coloniale de la France
en juin 1894...................... par Félix Leseur » 0.50
Un essai loyal de socialisme en Chine » » 0.50
La Situation économique de la
France........................... par A. Raffalovich 0.10

En vente chez Delagrave

La Propriété. — Origine et Évolution. Thèse communiste, par Paul Lafargue. Réfutation par Yves Guyot.
1 vol. in-18. 500 pages............................... 3 Fr. 50

YVES GUYOT

La Tyrannie Socialiste............ Librairie Delagrave 1.25
Les Principes de 1789 et le Socia-
lisme............................. » 1.25
La Science Économique.......... Librairie Reinvald 5 »
Trois Ans au Ministère des Tra-
vaux Publics.................... Librairie L. Chailley 3.50
La Morale de la Concurrence.... Librairie Armand Colin 1. »
L'Économie de l'Effort.......... » 4 »

FRÉDÉRIC PASSY
MEMBRE DE L'INSTITUT

Vérités et Paradoxes............ Librairie Delagrave 1.25

Malentendus
Sociaux et Politiques

AVEC UNE PRÉFACE
DE
M. YVES GUYOT

PRIX : 1 Franc

LE HAVRE	PARIS
L. DOMBRE	**GUILLAUMIN** ET Cie
10, place de l'Hôtel-de-Ville	14, Rue Richelieu

et aux bureaux du "SIÈCLE"
12, Rue Grange Batelière
PARIS

PRÉFACE

I

Il y a un an, je n'avais pas l'honneur de connaître l'auteur de la brochure qui a bien voulu me demander de la présenter au public. Je reçus de lui l'hiver dernier trois ou quatre lettres signées *Faubert*. Je fus très flatté que mon ami, M. Faubert, eût trouvé un fils qui voulût bien l'adopter pour père.

Je lui demandai : Qui êtes-vous ?

Qui ? un homme dans les affaires commerciales, qui s'occupe tout le jour de sa besogne, mais qui réfléchit aux rapports complexes qu'elle a avec le reste de l'univers, avec les directions politiques que suivent les différents peuples ; qui croit que la vérité est de toutes les choses la plus utile et qui considère que chacun a pour premier devoir de faire œuvre de propagande. Sait-on jamais la répercussion que peut avoir telle phrase dite dans une conversation, en tête à tête, et à plus forte raison dans une lettre adressée sous

II

forme d'article, de brochure ou de livre à des inter-
locuteurs innombrables, puisqu'ils sont inconnus?

II

Je trouvais, dans ce correspondant, un continua-
teur de cette école qui, fondée par Quesnay et
Gournay a été continuée si brillamment par Adam
Smith, Jean-Baptiste Say, Bastiat, Cobden, John
Bright, Léon Say, pour ne parler que des plus illustres
des morts. C'est l'école du Laissez faire et du Laissez
passer que les Anglais ont appelée l'Individualisme.
C'est l'école de la plus grande concurrence possible,
selon l'expression de Quesnay.

Hélas! nous voyons combien cette formule était
hardie, il y a un siècle et demi, puisqu'elle est
méconnue encore par la presque unanimité de ceux
qui composent les nations qui ont la prétention jus-
tifiée, à d'autres égards, d'être les plus progressives.

M. Henry Léon me prouvait donc que la science
économique faisait encore des recrues, spontanément,
malgré toutes les entreprises dirigées contre elle. Il
y en a cependant beaucoup et d'autant plus dangereuses qu'une foule de gens prennent son étiquette,
s'installent dans des chaires, parées de ce titre, et
n'y enseignent que le socialisme.

Les socialistes ont beau jeu pour nous railler de ces

trahisons et pour nous montrer, avec orgueil, nos déserteurs et l'embauchage qu'ils en font.

Le socialisme ouvre d'autant plus facilement toutes les portes qu'il y a des socialistes de tous genres. Il y a des socialistes anarchistes, révolutionnaires, philantropiques, chrétiens, administratifs. Tous s'entendent pour demander la main-mise des pouvoirs publics sur toute la vie économique du pays. Ils représentent l'école tendre qu'ils opposent à l'école dure. Ils apparaissent en Saint-Vincents-de-Paul, le cœur ouvert à toutes les souffrances humaines et ils annoncent qu'ils les soulageront, en prenant aux uns pour donner aux autres, selon leurs sympathies et leurs antipathies, leurs caprices et leurs passions. Ils déclarent qu'ils incarnent « la politique de la main tendue contre la politique du poing fermé » — comme si jamais un poing était ouvert; — et ils commencent par montrer leur tendresse en menaçant ceux qui, par leur travail, leur épargne, les circonstances plus ou moins heureuses de la vie secondées par leurs efforts, ont su acquérir une situation aisée ou gagner quelque fortune.

Non seulement, il y a des démagogues riches qui, les uns par poltronnerie, les autres par ambition malsaine, marchent avec eux et donnent le branle, comme M. Berteaux, l'agent de change; mais par une étrange aberration, il y a des femmes dans le salon luxueux desquelles le socialisme a ses grandes entrées avec l'Ibsénisme et le snobisme. On y exproprie la société capitaliste en mangeant des truffes et en buvant du champagne servi par des laquais en culottes courtes, qui se montreraient bien supérieurs à leurs maîtres, si de pareilles conversations n'en faisaient pas les premiers adeptes de la Révolution sociale.

Si un économiste ose élever la voix, dans un pareil milieu, on lui dit qu'il retarde, qu'il est vieux jeu, que la science est difficile à comprendre; et comme des phrases sentimentales sont matière à développements littéraires beaucoup plus agréables, on le taxe de sécheresse et on insinue qu'il est sans cœur du moment qu'il n'abroge pas la loi de l'offre et de la demande.

L'économiste repoussé de ce côté est repoussé avec tout autant de violence par les protectionnistes. J'en sais quelque chose. Plus d'un brave homme m'a dit : « Quel malheur que vous soyez libre-échangiste ! comme nous vous aiderions dans la lutte contre le socialisme ! comme nous propagerions vos livres, vos brochures, les journaux auxquels vous collaborez ! mais vous êtes libre-échangiste. Alors tant pis. Nous vous combattrons avec autant d'acharnement que vous combattez les socialistes. Nous emploierons contre vous des procédés identiques aux leurs pour vous exclure du Parlement ».

Et *La Réforme Économique* de M. Jules Domergue,

V

le lieutenant de M. Méline, me combattait aux élections de 1893 avec autant d'énergie et de perfidie que la *Petite République*.

III

Les défenseurs de la liberté économique ne peuvent donc s'attendre qu'à recevoir des coups. Aussi n'est-il pas étonnant que leur recrutement soit limité. Les socialistes reprochent aux hommes qui la défendent d'être des ennemis des ouvriers, vendus à leurs exploiteurs; les protectionnistes leur reprochent d'être des ennemis du travail national, vendus à l'étranger; en réalité, ce sont des idéalistes qui, modestement, sacrifient leur vie à la vérité.

Les hommes disposés à agir de cette manière seront toujours rares. Il est vrai que la qualité compense la quantité.

M. Henry Léon en est une preuve. Il allie au courage civique une sûreté de doctrine que mon ami et collègue, M. Jules Fleury lui-même, ne trouvera pas en défaut. Cette étude ne contient point de mots pompeux, mais un raisonnement serré, basé sur des faits précis.

IV

L'auteur montre la vanité de certaines phrases que des gens répètent sans se donner la peine d'en

chercher le sens exact, telle « la suppression de l'inégalité des conditions sociales ».

Tous les individus doivent-il passer dans l'anneau
du cantonnier qui mesure les morceaux de macadam ?
Brisez ! car celui-ci est trop gros. Les hommes forts
devront-ils être émasculés pour être ramenés au
type des hommes faibles ? Un nommé Procuste, raconte
la légende, avait eu cette conception de l'égalité.

M. Henry Léon montre bien la parenté des idées
de ceux qui demandent au gouvernement « la suppression de l'inégalité des conditions sociales » et de ceux
qui demandent des droits compensateurs pour « supprimer l'inégalité des conditions de la production. »
Les uns et les autres sont imprégnés de l'esprit mendiant. Ils demandent protection, et par cela même,
ils réclament la servitude. Ils demandent, adultes,
qu'on leur applique ce qu'Herbert Spencer appelle
la loi de famille, sans laquelle l'enfant ne pourrait
vivre. Il doit recevoir des secours en raison de son
incapacité. On ne le consulte pas sur ce qui lui plait
ou ne lui plait pas ; tant qu'il ne peut pourvoir à ses
besoins, il doit obéir.

Que cette conception pût exister sous la monarchie
de droit divin, on le comprend. Le roi était un per-
sonnage extra-terrestre qui devait avoir en réserve
de la richesse et du bonheur à dispenser à son peuple,
comme il avait le don de guérir les écrouelles. Mais

maintenant, cet être providentiel a disparu puisque nous avons pour gouvernement la République.

Mais qu'est-ce que la République? — C'est une forme de gouvernement, dit M. Henry Léon qui est, lui, républicain d'origine. Rien de plus. « La désignation de républicain, ajoute-t-il, ne peut et ne doit s'appliquer qu'à l'adhésion d'un citoyen à la forme républicaine et à sa renonciation à toute agitation en faveur d'un changement de cette forme. »

Mais que demandez-vous à cette République? une tutelle? un César? Voulez-vous qu'elle soit une cage où un maître vous donnera la pâtée et des coups? Voulez-vous que le parti au pouvoir intervienne dans chacun des actes de votre vie, et substitue des arrangements d'autorité à la liberté des contrats? Voulez-vous au contraire, un gouvernement qui borne ses fonctions à garantir la sécurité nationale, la sécurité des individus et considère que son devoir est de maintenir leur liberté d'action au lieu de la restreindre?

Voilà où il faut choisir. « Qu'on l'appelle autoritarisme ou interventionnisme, dit fort bien M. Henry Léon, l'opposition des tendances que désignera ce mot aux tendances du libéralisme constituera le seul classement normal des partis.

» On pourra être dans l'un ou l'autre sens, modéré ou radical; on pourra, étant donnée comme point de départ l'importance actuelle du rôle de l'État, la diminuer ou l'augmenter avec une prudence ou une rapidité plus ou moins grandes, dans des domaines plus ou moins étendus; mais si l'on ne considère pas que le progrès soit dans la conception collectiviste qui est l'idéal de l'interventionnisme, on devra songer que chaque pas fait dans le sens d'une extension des attributions de l'État sera un pas en arrière. »

La question est admirablement posée dans ces lignes. Elles suffisent pour montrer combien l'étude de M. Henry Léon est digne d'une sérieuse attention.

YVES GUYOT

Août 1896.

INTRODUCTION

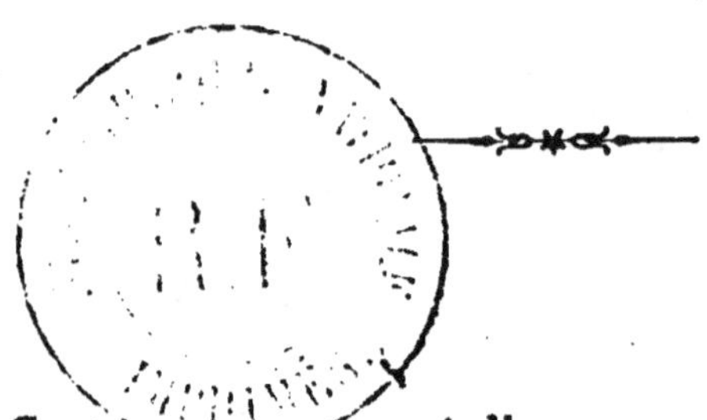

Ces pages ne sont l'œuvre ni d'un publiciste, dont on pourrait attribuer les convictions à un parti-pris pour des doctrines longtemps défendues, ni d'un politicien pouvant être soupçonné de défendre moins des opinions que des visées personnelles.

Elles sont le fruit des réflexions d'un citoyen qui vit de son travail salarié, qui n'est pas et ne souhaite pas d'être mêlé aux affaires publiques autrement que pour dire ce qu'il en pense; mais qui croit aussi qu'il est du devoir de tout homme de consacrer aux questions d'intérêt général un peu des loisirs de pensée que lui laissent ses occupations professionnelles, et que, suivant une belle formule de M. Yves Guyot, la nation digne d'institutions libres est celle ou chaque citoyen apporte dans l'examen des affaires publiques le même sérieux que dans la conduite de ses affaires privées.

Elles n'ont pas la prétention d'apporter des vues nouvelles dans les questions économiques et sociales et les hommes qui s'occupent de ces questions n'y trouveront que des idées qu'ils ont défendues ou combattues avec infiniment plus de talent et d'autorité, mais certainement pas avec un désir de convaincre plus profond ni plus sincère. Aussi, n'est-ce pas à eux qu'elles s'adressent, mais à la légion des hommes droits, probes et laborieux qui ne demandent qu'à leurs propres forces l'amélioration de leur sort, mais qui, en se désintéressant de la vie factice imprimée au pays par les partis qui se disputent le pouvoir, oublient trop combien cette vie factice peut apporter de trouble dans le fonctionnement et dans le développement de la vie normale de la nation.

Si elles peuvent contribuer à fortifier les convictions et à dissiper les doutes ne fût-ce que d'un citoyen, à orienter et guider la conduite politique, ne fût-ce que d'un électeur, l'auteur en ressentira plus de joie que n'en peut éprouver l'élu de dix mille suffrages gagnés par un programme habilement ménagé de tous les préjugés et de tous les appétits.

Le Havre, Mars 1896

LAISSEZ FAIRE, LAISSEZ PASSER!

Laissez faire, laissez passer !

Cette formule si simple et si concise, qui est devenue la sereine devise de cette science de logique et d'observation qu'on appelle l'économie politique de cette science où les esprits libéraux puisent les armes qui fortifient leurs convictions et leur inébranlable foi dans les destinées de l'humanité débarrassée de ses entraves, lui a attiré bien des anathèmes de ses détracteurs, et bien des méfiances de bons esprits qui n'ont pas su découvrir les larges horizons qu'évoquent ces quatre mots.

Dans un admirable petit livre de vulgarisation des vérités économiques qu'a publié récemment M. Frédéric Passy[1], tout un chapitre est consacré à mettre en lumière, avec l'éloquence simple et persuasive de ce publiciste, l'erreur des hommes qui dénoncent l'abominable doctrine de laisser faire.

Comment donc cette formule de liberté a-t-elle pu être comprise par ces hommes, pour justifier de telles attaques ?

Peut-être, si l'on ne réfléchissait pas que tolérance ne veut pas dire faiblesse et abandon, si l'on

---

[1] Frédéric Passy, « Vérités et Paradoxes » un volume in-18, chez Delagrave.

oubliait que les hommes épris de la liberté en sont assez amoureux pour savoir la préserver contre ses propres écarts, peut-être une telle doctrine pourrait-elle passer pour l'apologie de là licence — Peut-être, si l'on s'en tenait au sens étroit des mots, pourrait-on prétendre que le laissez faire, laissez passer peut servir de mot d'ordre aux ennemis de toute organisation sociale qui portent le nom d'anarchistes !

Mais si l'on peut supposer qu'un tel paradoxe puisse germer dans un cerveau fantaisiste, si l'on peut même admettre que le libéralisme ait des ennemis d'assez mauvaise foi pour chercher à faire naître une aussi grossière équivoque, lui prêter une action quelconque sur les esprits des citoyens impartiaux et même des adversaires que nous cherchons à convaincre, serait avoir une singulière opinion de leur jugement.

Personne ne peut ignorer que les amis du laissez faire économique sont parmi les plus énergiques soutiens des garanties qui défendent la liberté de chaque citoyen contre les abus, collectifs ou individuels, de la liberté d'autrui. Et par une remarquable contradiction, les détracteurs les plus indignés de laissez-faire, ceux à qui une telle doctrine semble si phénoménale qu'ils n'ont pour la combattre que le dédain et l'ironie avec lesquels ils la mentionnent, ne trouvent pas assez de clameurs, pas assez d'appels à la liberté violée, si pour sauvegarder la sécurité publique menacée d'un danger exceptionnel, les gouvernants demandent des armes exceptionnelles dont on peut craindre l'abus. Sans doute, les libéraux voudraient dans le domaine politique comme dans le domaine économique, pouvoir défendre, aux côtés de ceux dont nous parlons, les principes de la liberté la plus absolue ; sans doute, c'est la tristesse dans l'âme qu'ils s'associent à des mesures restrictives, quand des attentats à l'ordre public viennent démontrer que les mœurs de tous leurs concitoyens ne sont pas mûres pour la liberté, que le jugement de certains n'est pas suffisamment armé pour résister aux appels des hommes qui font profession d'exciter les passions violentes !

Mais de quel droit ceux qui voudraient refuser au pouvoir les moyens de protéger leurs concitoyens contre les égarements des hommes qui n'ont que la violence à mettre au service de leurs idées ou de leurs passions, de quel droit ceux-là s'élèvent-ils contre une doctrine qui déclare nuisible l'intervention de ce même pouvoir, lorsqu'il ne s'agit plus que de protéger les hommes contre leur manque d'activité, de prévoyance et d'initiative pour lutter contre le sort ou contre la concurrence d'activités, de prévoyances, d'initiatives plus grandes ?

La complète liberté politique est un but ! C'est la suprême récompense des sociétés dont les membres auront sû vaincre les misères et les faiblesses par la seule force de leurs vertus publiques et privées.

La complète liberté économique est un moyen !

C'est le seul moyen de développer ces vertus dont la connaissance et la pratique amèneront les hommes peu à peu, très lentement, mais très sûrement, aussi près que possible de l'idéal de bonheur et de justice que chacun d'eux porte au fond de son cœur. Pour tout dire, c'est l'instrument le plus nécessaire du progrès.

Et c'est pourquoi les libéraux admettent des restrictions à la liberté politique, pourquoi ils repoussent toutes restrictions à la liberté économique : le moyen avant le but !

Mais le désir de montrer les contradictions des hommes qui veulent l'organisation politique très large, et très étroite l'organisation économique et sociale que d'aucuns appellent collectivisme ou communisme, et d'autres plus modestement « socialisme rationnel »[1] nous a écarté de notre but qui est de rechercher ce qui, dans cette formule, « laissez faire, laissez passer », peut égarer et éloigner les citoyens qui la comprennent imparfaitement.

Laissez faire ! n'est-ce pas une formule de complaisance envers les abus de ceux qui sont en position d'abuser de leur fortune, de leur situation, de leurs capacités même, pour attirer à eux la part de jouissances qui revient à d'autres ?

Laisser passer ! n'est-ce pas la formule de l'égoïsme qui se replie sur lui-même indifférent aux souffrances d'autrui, n'est-ce pas une sorte de « après nous le déluge ? »

----

(1) L'expression est, si nous ne nous trompons, de M. Ranc.

L'ignorance n'est-elle pas autorisée à donner un tel sens à ces mots et aux doctrines qu'ils abritent, lorsqu'elle trouve ceux qui les formulent et qui les défendent parmi les « privilégiés », c'est-à-dire, parmi des hommes que la fortune ou le talent a mis à l'abri des dures conséquences de cette concurrence qu'ils appellent le facteur du progrès ?

Il est certain que pour consacrer son existence à de laborieuses recherches, à des observations constantes, il ne faut pas avoir son temps et ses facultés absorbés par la lutte de tous les instants contre les difficultés de l'existence:

Mais parmi ceux qui prétendent à diriger les affaires de leurs concitoyens et qui s'en font écouter, en est-il beaucoup dans ce cas ?

Seulement, les observations et les raisonnements d'où les économistes tirent leurs conclusions ne se peuvent généralement trouver que dans des ouvrages spéciaux ou d'apparence abstraite qui ne vont pas au grand public. Il faut bien dire aussi que la conscience qu'ils ont de détenir la vérité donne souvent à leurs enseignements une certaine sécheresse, une certaine hauteur qui indisposent les esprits superficiels; que l'habitude de s'absorber dans les observations personnelles leur retire en général le gout du prosélytisme et de la vulgarisation. Enfin ils ne remuent que des idées très générales qui pour être comprises exigent trop de détachement, trop d'attention de la part des citoyens privés qui ont trop de temps à donner à leurs affaires pour en consacrer beaucoup aux affaires publiques.

Il est donc tout naturel que la confiance du public aille plutôt, selon qu'il est plus ou moins éclairé, aux politiciens audacieux et avides de pouvoir qui flattent ses passions et ses intérêts, ou aux hommes de bonne foi et de bonne volonté trop confiants dans la valeur des solutions qu'ils imaginent.

Et c'est ainsi que la méfiance et l'indifférence des citoyens restent pour des hommes que l'on confond avec les idéologues et les théoriciens, alors que leurs opinions ne résultent que de l'observation des faits, et que le seul système qu'ils préconisent consiste à ne pas se fier aux systèmes! pour la doctrine du laissez-faire, que l'ignorance du public permet aux aveuglés ou aux exploiteurs du sentimentalisme, de présenter comme une abominable doctrine d'égoïsme et d'indifférence, ou tout au moins de coupable imprévoyance.

Eh bien! il ne se trouvera jamais assez de voix pour le crier, tout cela n'est qu'un malentendu!

Non, les partisans du laissez-faire ne restent pas insensibles devant les misères et les injustices du sort et ne prétendent pas qu'il n'y a rien à faire pour les diminuer! — Non, ils ne veulent pas dire qu'il faille laisser passer les catastrophes sociales sans essayer d'y porter remède et d'en prévenir le retour! — Non, ils ne trouvent pas que tout est pour le mieux dans la meilleure des sociétés! Et s'ils ne partagent pas l'exagération de ceux auxquels l'éloignement du passé et l'impression du présent font perdre la notion de la réalité au point de prétendre que l'humanité n'a jamais été plus malheureuse qu'actuellement, ils reconnaissent et proclament que le progrès dans l'ordre moral et social n'a pas suivi la marche du progrès matériel, et qu'il a cent fois plus de chemin à faire qu'il n'en a fait.

Mais la théorie qu'ils repoussent, l'erreur qu'ils ne se lassent pas de dénoncer, c'est celle que proclamait récemment à la tribune du Parlement un chef de gouvernement français, [1] et qu'applaudissaient ses adversaires comme ses partisans. C'est celle que partagent non seulement les révolutionnaires qui veulent bouleverser la société actuelle pour mettre à sa place une société modèle dont ils portent le très vague plan dans leurs très prétentieux cerveaux; non seulement la masse des politiciens qui, chacun voulant prendre sa petite part du pouvoir, ne lui trouveront jamais de limites assez vastes; mais aussi une quantité d'hommes désintéressés qui ont loyalement et sincèrement à cœur le bien de la chose publique !

C'est cette conviction laissée sans doute par l'atavisme après de longs siècles de despotisme et de tutelle, que, parce qu'il doit y avoir pour diriger les affaires indivises de chaque nation, un gouvernement, *ce gouvernement doit être l'instrument du progrès moral et du progrès social;* cette opinion que, de même que dans les siècles passés un pouvoir autoritaire que donnaient seuls la naissance et l'intrigue réglait toutes les affaires des

____

[1] Déclaration du Ministère Bourgeois, Nov. 1895.

citoyens, ceux-ci doivent voir aujourd'hui toutes les manifestations de leur activité soumises à l'intervention, à la direction, à la tutelle d'une catégorie d'hommes née des hasards des scrutins, et *sans lesquels rien ne peut être fait, rien ne peut passer.*

C'est à cette conception que les économistes répondent : laissez faire, laissez passer !

Il ne peut, sous peine de désagrégation, y avoir pour chacune des collectivités dont la communauté de mœurs, de coutumes, de langage, et surtout le commun besoin de sécurité ont fait une nation, qu'une manière de défendre le patrimoine commun, d'entretenir les parties qui en restent indivises, de faire respecter les lois destinées à maintenir l'ordre et la justice, c'est-à-dire la liberté pour chacun de tirer le meilleur parti de ses facultés et de son activité sans entraver la même liberté chez les autres ; qu'une manière enfin de répartir équitablement entre tous les charges résultant de la défense de cet ensemble d'intérêts communs. Mais il y a mille manières de contribuer au progrès social et au progrès moral ; il n'est pas une seule des améliorations constituant le progrès qui n'offre des complications innombrables, et qui n'exige la pleine liberté de tous ceux qui y co-opèrent pour une part petite ou grande, selon la mesure de leurs facultés.

C'est pourquoi les partisans du laissez faire veulent limiter la mission des dépositaires de la puissance publique, à la recherche des solutions relativement simples et d'une application générale relativement facile, qu'exigent les questions d'intérêt strictement général.

L'expérience prouve combien cette tâche est déjà difficile, combien les hommes auxquels incombe le devoir de sauvegarder l'intérêt général ont de peine à dégager cet intérêt; combien l'absence de responsabilité dans le fonctionnement des immenses machines dont ils sont les rouages anonymes engourdissent leur initiative et leur activité! Elle prouve que même les hommes qui se sont spécialisés dans l'étude des meilleurs moyens de remplir les missions de la défense nationale, de l'ordre et de la justice, de la répartition des impôts, qui ont consacré à cette étude quelquefois leur existence entière, ne peuvent se mettre d'accord sur ces moyens.

Et lorsqu'on a reconnu qu'il n'y a pas de solutions simples aux questions dans lesquelles l'intérêt de chaque citoyen est le même, on a la prétention d'en trouver aux questions dans lesquelles la diversité des intérêts est infinie! On veut résoudre avec quelques formules, avec quelques lois auxquelles vingt ou trente législateurs auront collaboré, pour diviser chacune en une centaine d'articles, des problèmes dont les données sont par milliers!

Et qui plus est, on veut donner à ces formules la consécration du code, en faire l'Évangile auquel tout citoyen doit, sous peine d'y laisser sa liberté ou sa propriété, faire profession de foi!

Quel est le citoyen qui n'a pas été, au moins une fois en sa vie, douloureusement surpris à la divulgation des négligences et des légèretés apportées par les fonctionnaires publics à la sauvegarde des intérêts les plus majeurs du pays? Quel est celui qui n'a pas constaté à maintes reprises l'incohérence des textes auquel peut se heurter sans aucun profit pour autrui l'exercice de sa liberté, et l'incohérence plus grande encore des hommes chargés de les appliquer? Quel est celui qui ne s'est pas vu obligé de renoncer à se faire rendre justice, en constatant les mille obstacles à surmonter, le temps, les efforts et l'argent qu'il lui faudrait dépenser, sans être certain d'obtenir gain de cause?

Quel est le journaliste qui ne s'est fait l'écho de ces plaintes justifiées?

Mais lorsqu'on a épuisé son ressentiment ou son indignation en railleries ou en imprécations contre l'inertie, l'ineptie et la routine des administrations, lorsqu'on est parvenu à faire mettre en disgrâce quelque fonctionnaire manifestement convaincu d'abus ou d'incapacité, on se tient pour satisfait — Et le lendemain, le jour même, dans la feuille même qui dénonçait l'incurie des détenteurs du Pouvoir, on demande pour ce Pouvoir de nouvelles prérogatives, de nouveaux droits d'intervention dans la liberté du contrat, dans la liberté de l'échange, dans toutes les libertés publiques.

Et la masse des autres citoyens, qui tous ont à quelque occasion élevé les mêmes plaintes contre des abus semblables, mais qui pour la plupart ne prêtent pas assez d'attention aux conséquences de la nouvelle intervention réclamée, ou ne sentent pas leurs intérêts particuliers assez directement ou assez immédiatement menacés par elle, applaudit à la fois à la juste critique d'abus et de vexations qu'elle comprend parce qu'elle a eu à en souffrir, et à l'apologie de séduisants systèmes dont elle ne voit que la forme brillante, mais qui sont gros pour elle des mêmes abus et des mêmes vexations.

Et, contradiction aussi singulière que celle que nous avons constatée en commençant de la part des hommes qui veulent la liberté politique sans la liberté économique, ce sont eux qui flagellent le plus violemment les abus de l'intervention gouvernementale, et eux aussi qui proclament le plus hautement que le progrès réside dans une extension de cette intervention, que la seule marche en avant est la marche au milieu des obstacles de toute sorte qu'accumule toute réglementation !

Croient-ils donc que les vices reprochés à toutes les administrations depuis qu'il en existe sont le fait des hommes qui composent ces administrations, que les lacunes et les difficultés d'application de toutes les réglementations publiques sont le résultat de l'incapacité et de l'imprévoyance des hommes qui les ont élaborées et de ceux qui les appliquent ?

Ces législateurs et ces administrateurs ne sont cependant pas d'une essence spéciale ; ils se recrutent dans tous les rangs de la société et leurs capacités, si elles ne sont pas supérieures, n'ont pas davantage de raisons d'être inférieures à la moyenne des capacités de leurs concitoyens. Quel manque de réflexion ne faut-il donc pas pour s'imaginer qu'il suffira de changer le personnel pour que les vices de la législation et de l'administration deviennent de bienfaisantes vertus, pour faire de ces deux seules branches de l'activité humaine l'instrument du progrès ! Comment ne pas sentir que les capacités morales et intellectuelles des hommes chargés de la direction des affaires publiques ont des bornes qui sont infiniment en deçà de ce qu'elles devraient être pour que ces hommes puissent venir à bout de l'immense tâche qu'on veut leur donner, ces hommes fussent-ils toujours choisis parmi l'élite de la nation !

A chacun sa peine ! Que les hommes qui détiennent le pouvoir de contrainte sans lequel ils ne peuvent utilement remplir le mandat de veiller sur les intérêts généraux du pays, se renferment strictement dans l'exécution de la mission en vue de laquelle cette autorité leur est conférée. — Plus ils s'absorberont dans cette tâche, mieux elle sera remplie ; plus ils s'ingèreront dans des fonctions sociales qui peuvent et doivent être confiées à l'initiative libre d'individus ou de groupe d'individus, moins bien marcheront les affaires publiques, et aussi les affaires privées, troublées par l'intervention du principe d'autorité qui n'est pas créé pour elles.

Et quant aux injustices du sort, aux misères qui

fondent sur les hommes, et pour lesquelles, disent les interventionnistes, il faut faire quelque chose : Soyez tranquilles, répondent les économistes, il sera fait quelque chose, il sera fait beaucoup, mais à condition qu'il ne soit rien imposé.

Vous, pouvoir, vous, Etat, dont d'autres tâches requièrent toute l'attention, vous êtes incompétent pour celle-ci. — Pour remédier aux maux sociaux, comme pour remédier aux maux des individus, il faut savoir en découvrir les causes multiples, en étudier les phases dans tous leurs détails et savoir en traiter par des méthodes toujours différentes les manifestations infiniment variées. — Ces maux sont si nombreux et si divers, les cas toujours nouveaux dans leurs causes et dans leurs effets si déconcertants pour les médecins les plus habiles, que c'est folie à vous, législateurs, de vouloir trouver à chacun des remèdes appropriés. Vous ne trouverez que des systèmes, qui voulant s'appliquer à tous, ne s'appliqueront à aucun ; vous serez les docteurs Sangrado de la société.

Vos solutions des questions sociales, livrées au hasard des discussions et des impressions passagères, n'atteindront pas une fois sur cent le but que vous vous proposez, parce que si bien que vous l'ayiez étudié, vous n'aurez aperçu qu'une faible partie de ses multiples aspects. — Elles resteront en deçà, et seront gênantes et inutiles ; ou elles iront au-delà et seront nuisibles.

Et dans votre zèle inconsidéré, vous atteindrez bien plus fréquemment ce dernier résultat ; la tâche de distinguer toutes les mauvaises herbes des bonnes vous sera impossible, mais comme vous aurez voulu « faire quelque chose », vous préférerez détruire le champ. — Nous lisions il y a peu de temps dans un grand journal de province, cependant des moins enclins en général à se payer de mots, [1] cette opinion stupéfiante qui, voulant justifier le zèle législatif, prononçait sans le vouloir la plus frappante critique de l'interventionnisme. Dans l'impossibilité, disait ce journal, de déterminer sans tomber dans l'arbitraire les branches à abattre, il vaut mieux plutôt que d'en émonder quelques-unes au hasard, couper l'arbre jusqu'à la racine !

Il ne s'agissait là que d'une loi n'ayant aucun caractère social immédiat, celle concernant les incompatibilités parlementaires ; mais si a une question aussi simple en apparence, le Parlement n'est capable de donner qu'une solution dépassant si singulièrement le but qu'il veut atteindre, que sera-ce lorsqu'il voudra toucher aux questions infiniment compliquées que comportent les relations sociales ?

Et si même le législateur pouvait toucher de plus près le but qu'il vise, est-il certain, quand il s'agit des rapports économiques et sociaux, que ce but soit louable et conforme aux nécessités du progrès ? — Dans la plupart des cas, il n'agit que sous l'impulsion d'intérêts effrayés par le trouble

---

(1) Journal de Rouen du 17 Nov. 1895 — La part prise par un ministre Rouennais à l'affaire dont il s'agissait n'était sans doute pas sans influence sur l'appréciation de cet excellent organe.

qu'apportent dans leurs habitudes, par les nouveaux efforts de volonté et d'initiative qu'exigent d'eux, des conditions économiques nouvelles. Au lieu d'armer pour la lutte ces intérêts, le législateur les condamne d'autant plus sûrement à être sacrifiés par le progrès inexorable qu'ils se seront crus mieux protégés.

Le médecin clairvoyant qui voit son client menacé d'une maladie ne se contente pas de le droguer, et ne lui cache pas la vérité ; il l'engage à modifier dans ses habitudes de vie ce qui peut donner le plus de prise au danger.

Vous, législateur, vous n'avez pas la compétence nécessaire pour dicter aux débiles de la société le régime à suivre, et ce n'est pas votre rôle. — Mais comme vous vous croyez le devoir de vous occuper d'eux, vous faites de l'empirisme, vous lui donnez les drogues, anodines ou malfaisantes, mais en tous cas coûteuses, que sont vos conceptions.

Mais direz-vous, il n'y a pas, que des débilités menacés de maladies qu'il faut prévenir ; il y a des malades atteints de maux qu'il faut guérir. Pas davantage contre ceux-ci que contre ceux-là vos systèmes ne seront efficaces ; il faut que le médecin connaisse et étudie chacun de ses malades, qu'il lui inspire confiance, qu'il dose habilement le calmant ou le remède dont le quantum est différent pour chacun. — Vous n'inventerez que des panacées qui ne peuvent tenir compte des cas particuliers variables à l'infini ; vous ne pourrez les

appliquer que par des mandataires qui n'inspire-
ront aucune confiance au malade, qui le laisseront
mourir faute d'assez de soins, ou qui le tueront
pour lui en avoir donné trop.

Encore le malade a-t-il la liberté de repousser
les remèdes qui lui sont offerts. Vous, vous em-
ployez l'autorité qui vous est confiée dans un
tout autre but à les leur administrer de force, par
l'intermédiaire de vos fonctionnaires dont c'est le
métier d'obéir à des réglements, et dont la préoccupation dominante n'est jamais l'intérêt de leurs
administrés. — Et c'est ainsi que vous arrivez avec
votre intervention, à causer cent fois plus de maux
que vous n'avez entendu faire de bien.

Souvent incapable dans les tâches politiques
qui vous incombent, vous êtes impuissant dans
les tâches économiques que vous vous arrogez.

Dans la lutte pacifique des intérêts particuliers
qu'est la concurrence économique, vous êtes, si
vous voulez intervenir autrement que par la garantie des droits et de la liberté de chacun, incapable de tenir la balance égale. — Mal renseigné
ou soumis à l'influence du sentiment ou de l'intrigue, vous n'égaliserez pas les chances, vous les
déplacerez au bénéfice de quelques-uns, au détriment du plus grand nombre. — Laissez faire,
laissez passer.

C'est à vous, à vous seul que s'adresse cette
formule. Ce n'est pas le conseil d'un fatalisme
indolent et sceptique qui veut abandonner le sort
des hommes au hasard, à la violence et à l'intrigue.

C'est le principe de la liberté de l'individu opposé au principe de contrainte, qui fait le vice des conceptions interventionnistes, depuis le collectivisme jusqu'au socialisme d'Etat le plus édulcoré.

Nous savons bien que des esprits préoccupés de la vérité prétendent voir dans l'individualisme une doctrine exagérée, à laquelle il faut chercher un tempérament raisonnable dans un emprunt aux doctrines socialistes.

Nous répondrons à ceux-là que l'une des premières libertés de l'individu est celle d'associer ses forces à celles d'autres individus dans un but déterminé, et que sous toutes les formes que l'ingéniosité de l'homme lui a trouvées, entreprise commerciale ou industrielle, assurance, mutualité, co-opération, soit que les associés mettent en commun et se distribuent entre eux les avantages qu'ils en tirent, soit que certains d'entre eux garantissent aux autres ces avantages moyennant qu'il leur en sera réservé une part fixe, sous toutes ses formes, disons-nous, avec les variétés et les perfectionnements qu'on leur découvre tous les jours et qu'on ne cessera de leur découvrir, l'association libre reste le grand, le seul compensateur aux maux passagers qu'entraîne le progrès.

Donc, laissez faire ; reposez-vous sur l'esprit d'invention de l'homme et sur son besoin d'association pour les tâches où livré à lui-même il est impuissant, pour trouver la forme des innombrables institutions qui doivent répondre aux innombrables nécessités économiques et sociales.

Il n'est qu'uue catégorie de nécessités sociales exigeant des institutions communes et coercitives pour tous les membres d'une nation ; c'est la défense du territoire, c'est son entretien, c'est la justice qui garantit les droits de chacun. — Dépositaires de l'autorité, bornez-vous à perfectionner sans cesse ces institutions. — Pour les autres, n'imposez pas les solutions sur lesquelles une majorité de hasard aura fait un compromis d'opinions, et surtout ne laissez pas croire au peuple qu'à vous revient la recherche de ces solutions. Laissez les intéressés, dans leur sphère d'action et de contrôle, avec la puissance que leur donnent des associations où chacun est libre d'entrer ou de ne pas entrer, libre de limiter la part de ressources ou d'activité qu'il entend consacrer à l'œuvre commune sans qu'on puisse le déposséder de la part dont il a besoin pour d'autres œuvres, laissez les intéressés, disons-nous, chercher, créer, administrer, modifier incessamment suivant les leçons de l'expérience, les institutions qui doivent répondre à la nécessité sociale que chaque individu ou chaque groupe d'individus aura constatée.

Et si l'initiative privée vous semble apporter trop de mollesse à réaliser les améliorations sociales, si ses créations sont imparfaites et inhabiles à répondre complètement aux besoins sociaux laissez la faire les essais qui d'expérience en expérience, la conduiront à la vérité ; laissez passer la période de torpeur qui se changera en une période d'activité sous l'empire de la nécessité et sous le régime de la liberté. — Plus vous voudrez vous substituer à elle, plus vous l'engourdirez; si elle est lente à donner aux citoyens ce qu'ils demandent, elle ne leur impose pas ses inventions, où chacun peut prendre ce qui lui convient.

Si les associations de toute nature fondées dans le but de fournir des services moraux et sociaux n'ont pas plus de clients, c'est qu'elles n'ont pas encore trouvé le moyen d'apporter dans ces services assez de variété, de les mettre à la portée de tous, de satisfaire la multitude des goûts et des besoins différents, comme l'ont fait les fournisseurs de produits, et dans une mesure moins large, les fournisseurs de services matériels.

Voulez-vous accaparer la production des services moraux ? vous ferez d'aussi mauvaise besogne que si vous vouliez monopoliser la fourniture des produits.

Nous savons bien que les écoles socialistes avancées poursuivent ce dernier but, qu'elles prétendent que l'État sera le meilleur producteur, le meilleur répartiteur de tout ce que les individus peuvent consommer. — Mais ce que nous disons ne s'adresse pas à ces théoriciens irréductibles qui ont trop d'orgueil pour confesser combien l'expérience condamne leurs conceptions. Et nous croyons que, quel que soit l'attrait exercé par leur nuageuses promesses en ce qui touche les aspirations de la foule vers l'amélioration sociale, le besoin de compter sur la concurrence pour obtenir au meilleur compte les meilleurs produits est devenu trop naturel et trop bien compris, pour qu'une fraction importante des citoyens admette l'Etat agriculteur, l'Etat industriel, l'Etat commerçant. — Quand il n'y aurait en France que les consommateurs de tabac et d'allumettes pour s'élever contre cette théorie, cela suffirait à la condamner !

Mais si l'unanimité est presque complète quand il s'agit de la fourniture des produits, elle disparaît lorsqu'il est question de la fourniture des services matériels ; un grand nombre de citoyens conçoivent l'Etat banquier, l'Etat transporteur, l'Etat assureur des risques atteignant les propriétés. Et si l'on passe aux services moraux et sociaux, il semble tout naturel de tout confier à l'Etat : l'Etat éducateur, l'Etat assureur des risques atteignant les individus, l'Etat pacificateur des rapports du capital et du travail.

Pourquoi ? Parce que l'initiative privée, plus libre, a fait plus d'efforts, parce que la concurrence a été plus active pour satisfaire aux besoins les plus immédiats et les plus matériels des hommes, et qu'elle a acquis dans ce domaine des résultats d'autant moins incontestés. — Parce que ses progrès, entravés d'ailleurs par l'ingérence de l'Etat, par les monopoles plus ou moins naturels de grandes entreprises qui tiennent des administrations d'Etat le manque de souplesse et d'activité, n'ont pas, dans l'ordre des services matériels, été assez grands pour que le consommateur y puise encore assez abondamment la satisfaction de ses besoins. — Parce que dans le domaine infiniment plus délicat des services moraux, elle est encore à la période des tâtonnements et des expériences!

Laissez-la faire: elle vient, en le siècle qui s'écoule, d'accomplir de merveilleux progrès dans la première de ces trois sphères de son activité, en perfectionnant dans une mesure inouïe les produits et les moyens d'échange. — Le besoin le plus pressant de l'humanité est maintenant celui de jouir en paix de ces progrès, et pour y parvenir, c'est le domaine des services matériels, et surtout des services moraux ou sociaux qu'il faut étendre.

L'initiative des individus, devant cette tâche nouvelle, est lente, hésitante, et il faudra du temps pour qu'elle mette le progrès social et le progrès moral au niveau du progrès industriel. Mais qu'elle reste libre d'employer toutes ses forces et toutes ses ressources à cette tâche, elle y parviendra!

Laissez-la distribuer le crédit et le capital sous les mille formes nécessaires aux intelligences et aux activités; laissez-la rechercher les points où la circulation de la richesse pourra rémunérer les moyens de transports, laissez-la classer et évaluer les risques de manière à les répartir le plus également possible.

Laissez-la découvrir, développer et orienter les capacités latentes selon la manière la plus utile sans les étouffer sous des programmes uniformes de connaissances. — Laissez-la apprendre aux hommes sous quelles formes diverses, selon les besoins de chacun, ils peuvent réserver et mettre en commun, pour la consacrer aux jours mauvais, une part du produit de leur travail, au lieu de se décharger de ce soin sur leurs employeurs ou sur l'Etat.

Laissez-la stimuler les citoyens les plus laborieux et les plus intelligents de chaque profession. Ceux-là, lorsqu'ils sauront connaître et défendre leurs intérêts véritables, lorsqu'ils auront appris que le capital n'est que le banquier et l'assureur du travail, que le seul moyen de résister aux capitalistes qui veulent une rétribution trop forte est de provoquer la concurrence des capitaux, de rechercher pour y porter le travail, les points où ceux-ci, plus abondants se contenteront d'une plus juste rémunération, ces hommes, disons-nous, verront venir à eux en foule la clientèle des ignorants et des timides qui suivent les ambitieux et les violents.

Laissez-la enseigner au travailleur de la terre et de l'usine qu'on n'améliorera pas son sort en empêchant ses concitoyens de profiter des progrès faits sur toute la surface du globe par l'agriculture et par l'industrie ; mais qu'il doit mettre ses méthodes, son activité dans la recherche des débouchés, à la hauteur de ces progrès et abandonner des productions que des obstacles naturels rendent moins rémunératrices que sur d'autres points, soit pour se porter sur ces points, soit pour se livrer à d'autres productions à la consommation desquelles sera consacré le surplus de ressources laissé disponible par l'abaissement du prix des premières.

Si les rapports sociaux ne doivent jamais atteindre la perfection, la liberté seule peut les guider dans les chemins qui les en rapprocheront.

Législateur, protégez les hommes contre la violence et la fraude, c'est votre devoir. — Mais les protéger contre leur incapacité, leur paresse et leur imprévoyance, c'est vouloir rendre éternelle la prépondérance de ces imperfections humaines ; c'est détourner par la voie de l'impôt la richesse publique des capables, des actifs et des prévoyants : c'est laisser d'autant plus d'empire à la violence et à la fraude que votre attention sera d'autant moins absorbée par la tâche de les réprimer.

Laissez faire, laissez passer !

LA JUSTICE SOCIALE [1]

ET

l'Inégalité des Conditions

Il est un préjugé dont aucun homme raisonnable, s'il voulait prendre la peine de lui opposer l'observation des faits quotidiens auquel il est mêlé, ne saurait contester l'absurdité ; contre lequel il ne s'éleverait si l'on voulait lui en appliquer personnellement les conséquences : c'est celui qui consiste à faire résider la justice sociale dans l'abolition progressive de l'inégalité des conditions.

Il n'est pas un homme, s'il n'est aveuglé par une vanité peu commune, qui ne se rende compte au fond de sa conscience que tel ou tel des hommes dont la condition est meilleure que la sienne

---

(1) En accolant aux mots de progrès, de justice l'épithète de " social " qui n'ajoute absolument rien au sens élevé de ces mots, nous faisons au vocabulaire actuel un emprunt dont l'utilité est peut-être contestable. Mais il ne faut pas trop chicaner sur certains mots sonores, si l'influence qu'ils exercent sur les esprits permet de mieux réfuter les idées fausses qu'ils abritent.

mérite cette inégalité par sa supériorité, par les services plus grands qu'il rend, par le rôle plus important qu'il joue dans la société ; et dont en même temps les sentiments ne se révoltent à la pensée que tel ou tel autre moins bien doué par la nature puisse prétendre à tenir le même rang que lui.

Et cependant aucun préjugé ne fausse davantage la conception que croient devoir se faire beaucoup d'hommes des rapports sociaux, et n'est plus habilement exploité par les politiciens ; aucun proclamé pompeusement du haut d'une tribune ou mis en vedette dans quelque profession de foi, n'est plus sûr de recueillir les applaudissements de la foule ; aucun n'entraine plus facilement, pour sanctionner les injustices légales qu'il provoque, le suffrage des hésitants, des sentimentaux que la séduction du sophisme brillant rend méfiants à l'égard de la vérité qui parle à leur seule raison.

La puissance de ce préjugé est telle qu'un ministre a pu en faire, sans qu'un cri de protestation osât s'élever dans le Parlement, la base d'un programme de gouvernement et déclarer qu'on ne peut accueillir dans les rangs républicains quiconque ne l'admet pas.

Nous ne pouvons résister au plaisir de rappeler les paroles si sensées inspirées par cette déclaration à M. Paul Leroy-Beaulieu :

« Avant, dit ce publiciste, [1] d'assigner comme » but à la République de travailler avec continuité

____

[1] Économiste Français du 9 Novembre 1895.

» à diminuer l'inégalité des conditions, les huit ou
» dix sociologues superficiels, qui ont mission de
» veiller provisoirement aux destinées de la
» France, se sont-ils demandé si l'inégalité des
» conditions est un fait heureux ou un fait regret-
» table, si c'est un fait naturel ou un fait artificiel ?
» Ils eussent dû se livrer d'abord à cette première
» recherche, car s'il était prouvé que l'inégalité
» des conditions est à la fois un phénomène
» naturel et un phénomène bienfaisant, qu'elle est
» la marque et en quelque sorte la mesure du
» progrès économique, qu'elle est la preuve que
» des natures d'élite, sous les rapports de l'intelli-
» gence, de l'esprit de combinaison ou d'invention,
» de l'énergie et de la volonté, de la persévérance,
» de la sobriété et d'autres qualités intellectuelles
» ou morales, s'élèvent en grand nombre, à des
» degrés divers, au-dessus de la foule plus ou
» moins engourdie et routinière; que cette foule
» même profite graduellement des exemples qui
» lui sont donnés d'en haut, des progrès dont cer-
» tains hommes exceptionnels ont l'initiative, de
» l'immensité des bénéfices et des capitaux que
» ceux-ci accumulent et mettent au service de
» l'humanité; si ces faits étaient prouvés, comme
» nous pensons qu'ils le sont, la déclaration
» ministérielle que la « République est le moyen
» continu de diminuer l'inégalité des conditions »,
» serait une absurdité, et nous pensons, en effet,
» qu'elle l'est. Mais comme cette absurdité ne se
» confine pas seulement dans les livres, qu'elle

» s'épanouit dans le programme officiel d'hommes
» qui détiennent le gouvernement, elle constitue,
» en outre, un immense danger ».

On ne peut mieux dire ni mieux démontrer l'inanité de cette théorie de politiciens qui prétendent désavouer le socialisme, mais qui, s'ils répugnent à une confiscation violente et à un partage immédiat de la fortune publique, proclament cependant que la conception socialiste est l'idéal de justice auquel on doit s'efforcer d'atteindre progressivement. — Ces opportunistes du socialisme craignent une application brutale et immédiate des doctrines de cette école, et déclarent vouloir défendre contre elle la propriété individuelle. Mais ils estiment qu'il faut réduire peu à peu les limites dans lesquelles cette propriété peut se constituer, jusqu'au jour, sans doute, où par cette spoliation graduelle on sera arrivé à l'âge d'or dont les socialistes impatients voudraient nous gratifier sans plus tarder.

Leur idéal de la justice sociale est de voir un jour chaque citoyen français (en supposant qu'ils limitent aux frontières actuelles le règne de cet idéal et qu'ils ne prétendent pas voir nos frères moins civilisés ou tout à fait sauvages jouir des bienfaits de l'égalité des conditions) en possession de son cerveau, de ses deux bras et des 5 à 6.000 francs de capital que représenterait pour lui le partage de la richesse nationale. — Ainsi armé, chacun aurait le droit (l'aurait-il ?) de tirer de ce bagage tout le produit possible, mais seulement jusqu'à concurrence de la satisfaction de ses besoins. Ce qu'il pourrait produire en plus, il ne lui serait pas permis de le garder, puisque l'équilibre de la parfaite égalité des conditions, à laquelle on serait enfin parvenu par l'abaissement continu que nos gouvernants se donnent comme mission, se trouverait immédiatement rompu et que ce beau travail serait à recommencer.

Il est fort probable que sous ce régime, chacun n'aurait d'autre préoccupation que d'étendre le rayon de ses besoins, qu'il faudrait alors étroitement réglementer, car nous ne voyons pas ce que, pour les fervents de la parfaite égalité, l'inégalité dans la consommation aurait de moins choquant que l'inégalité dans la possession. On arriverait donc à ce résultat non moins certain que les hommes les plus capables et les plus actifs verraient le produit de leur intelligence et de leur activité tomber entre les mains des imbéciles et des paresseux, ce qui ne serait pas pour eux un stimulant bien énergique, et ce qui nous paraît être une singulière façon d'assurer la justice.

Pour se figurer qu'un tel régime puisse un jour prévaloir, il faut admettre l'une de deux hypothèses dont l'observation la moins rigoureuse des faits et la connaissauce la plus rudimentaire du cœur humain démontrent également l'inanité.

Ou bien les hommes les mieux doués s'habitueraient, par la confiscation graduelle du droit de disposer de ce qu'ils produisent, à se passer du stimulant de l'intérêt personnel, et à satisfaire en faveur de la communauté leur besoin d'employer des facultés supérieures. — Quelque soit la prodigieuse dose d'optimisme nécessaire pour admettre cette hypothèse, nous comprendrions que des esprits généreux la défendissent, mais elle ne satisferait l'idée de justice qu'autant que, de leur côté, les paresseux et les incapables prendraient une habitude suffisante du travail, ou acquèreraient une somme suffisante de capacités pour apporter leur part dans la production de la richesse commune.

Ou bien il appartiendrait à un pouvoir qui ne saurait être, dans l'esprit des hommes dont nous examinons les théories, que celui émanant immédiatement et directement du suffrage universel, il appartiendrait à ce pouvoir de peser les mérites de chacun et de lui attribuer dans la consommation une part proportionnelle à ces mérites.

Ce sont là les conditions absolument inéluctables dans lesquelles pourrait seul se réaliser l'idéal que se fait de la justice le parti socialiste, et que paraissent s'en faire les hommes qui repoussent du programme de ce parti la forme brusque et violente, mais qui en conservent le fond. — Elles se résument en ceci, que cet idéal comporte la perfection morale, soit des citoyens, soit des gouvernements.

Mais le jour où tous les citoyens seront parfaits, où chacun aura acquis la force morale nécessaire pour se contenter d'avoir tiré de lui même, au seul profit de la communauté, le maximum de ce que peuvent produire ses facultés, point ne sera besoin de systèmes ni de gouvernements pour faire régner la justice sociale ; elle sera établie. Prétendra-t-on que ces systèmes sont susceptibles d'amener l'homme à la perfection? Nous trouvons alors étrange qu'on traite d'optimistes les libéraux qui ne font appel qu'au perfectionnement du sens de l'équité, tandis que leurs adversaires comptent sur le développement du sens de l'abnégation.

Et si l'on répond que les citoyens ne peuvent atteindre cette perfection, mais qu'il n'est point impossible aux gouvernements d'atteindre le sens parfait de la justice et de l'impartialité, nous demanderons d'abord qu'on nous montre la formule magique à l'aide de laquelle les électeurs pourront, sans crainte de se tromper, porter leur choix sur les hommes les plus capables, les plus probes, les plus laborieux, en un mot les moins imparfaits et les mieux propres à atteindre à la perfection. — Nous demanderons qu'avant d'entamer le programme de l'abaissement continu de l'inégalité des conditions dans la nation, chaque ministre dans son ministère, chaque membre du Parlement, dans son fief électoral, commence par réaliser ce programme ; et lorsqu'il n'y aura plus dans aucun ministère, dans aucune circonscription électorale, nous ne disons pas un fonctionnaire, un électeur, mais une majorité de fonctionnaires et d'électeurs pour protester contre l'injustice et l'inégalité dans la répartition des places, des récompenses et des faveurs dont dispose actuellement le Pouvoir, alors seulement nous déclarerons ce

Pouvoir mûr pour l'œuvre de répartition des conditions que l'on veut lui assigner.

Mais faut-il vraiment s'attacher à démontrer ce qu'auraient d'absurde et de contraire à la justice les conséquences extrêmes de l'abaissement continu de l'inégalité des conditions?

Les hommes qui ont mis cette formule dans leur programme de gouvernement, s'ils peuvent avoir des conceptions erronées, ne peuvent cependant passer pour caresser sérieusement de semblables chimères; les membres du Parlement, les journalistes, les citoyens qui l'ont applaudie, ne sont pas tous des utopistes aussi aveugles.

Il faut donc croire que le seul goût des mots pompeux peut égarer le jugement de ces hommes, dont nous voulons croire que la grande majorité est de bonne foi, au point de leur faire perdre de vue le véritable sens des formules qu'ils emploient, et qu'en parlant de l'abaissement continu de l'inégalité des conditions, ils ne disent pas ce qu'ils veulent dire.

Il est infiniment plus probable que leur sentimentalisme est choqué de voir s'élever de colossales fortunes dont les propriétaires ne peuvent même consommer le revenu, lorsqu'à côté de ceux-ci, de pauvres gens ont peine à subvenir à leurs besoins les plus pressants, et qu'elle leur suggère cette idée qu'il faut retirer à ceux qui ont trop pour donner à ceux qui ont trop peu.

Mais où arrêteront-ils cette limite du trop ou du trop peu? La notion du nécessaire ne s'étend-elle pas incessamment au fur et à mesure que les sociétés progressent en civilisation, et les hommes aujourd'hui les plus dénués de richesse, ceux même qui sont à la charge de la charité et de l'assistance publique, ne sont-ils pas mieux assurés contre la faim, le froid et la maladie que ne l'étaient la plupart des individus composant les peuplades primitives?

Et le superflu n'a-t-il pas à jouer un rôle nécessaire? Si aucun homme n'avait plus de ressources qu'il n'en peut employer à sa consommation, où s'en procurerait-on pour réaliser tous les progrès qui assurent l'amélioration graduelle du sort de tous?—Qui fournirait les avances nécessaires pour faire subsister les multitudes d'hommes qui coopèrent aux œuvres nouvelles pendant les longues années que ces œuvres restent sans produire tous leurs résultats; quel individu consentirait à risquer dans des entreprises hasardeuses, dans les innombrables essais malheureux par lesquels doit passer l'application de tant d'idées avant que les leçons de l'expérience ne les aient rendues fructueuses, des ressources dont ses besoins exigeraient qu'il ne se départît pas?

Et loin de s'émouvoir parce que des ressources énormes se trouvent réunies dans les mêmes mains, on devrait songer que plus leur propriétaire est dans l'impossibilité de les consommer ou de les gaspiller toutes, plus elles deviendront sûrement le précieux engrais qui fertilisera le champ de l'activité humaine. Sans doute, l'individu qui les fournira gardera pour lui-même et pour les siens, une part du produit, mais la plus large part en reviendra à l'humanité, qui bénéficiera des progrès réalisés au moyen des ressources mises à sa disposition, de même que l'industrie et l'agriculture trouvent dans l'emploi de la houille et des phosphates infiniment plus de bénéfice que n'en tirent les propriétaires des mines.

Il est donc bon de secouer ce préjugé, de faire cesser ce malentendu, et de déclarer que l'inégalité des conditions est aussi juste, aussi nécessaire que sont incontestables l'inégalité des capacités et l'inégalité dans l'importance des fonctions que les hommes ont à remplir dans le monde.

On serait bien en peine de trouver la formule de justice qui servira de niveau pour amener cette égalité des conditions qu'on réclame et à laquelle on prétend atteindre progressivement par la législation.

Tout d'abord, il faut songer que tant qu'il existera des législations nationales, on ne saurait parvenir à cette égalité que pour les citoyens d'une même nation et qu'il faudrait, pour la maintenir, supprimer tous rapports d'intérêts entre les individus appartenant à des nations différentes.

Donc il y aura autant de niveaux de l'égalité que de nations; dans les pays où l'activité et l'intelligence des individus, en admettant que ces qualités survivent au régime du nivellement des conditions, seraient plus grandes, le niveau serait plus élevé.

Cette inégalité des conditions d'existence entre les individus des divers pays exciterait naturellement les convoitises des moins favorisés, et aboutirait à la résurrection définitive, même parmi les nations aujourd'hui dites civilisées, du régime de la conquête et de l'esclavage, de l'asservissement de la production à la force brutale.

Au lieu du besoin d'expansion qu'elles ont toujours eu, les nations, que les nouvelles lois égalitaires empêcheraient d'admettre dans leur sein de nombreux individus dont l'introduction réduirait la part de chacun, éprouveraient le besoin de se restreindre et d'éliminer peu à peu les individus les moins aptes à la production. — Au lieu de ce que les socialistes, appellent les « classes privilégiées », on aurait les nations privilégiées. Or, tandis que les préceptes de liberté, de concurrence loyale et de morale économique, que cherchent à répandre les libéraux, tendent à diminuer les obstacles qui empêchent les classes dites privilégiées d'être le produit d'une sélection naturelle, les nations privilégiées seraient le résultat de groupements artificiels, dans la formation desquels la force aurait plus de part que le droit.

Les individus qui en seraient exclus auraient alors mille fois plus d'excuses que sous le régime actuel, d'employer la violence et la fraude pour augmenter leur part de jouissances. Sous prétexte de diminuer l'âpreté de la lutte pacifique qu'est la concurrence, ou aurait déchaîné pire que la guerre des classes, la guerre internationale perpétuelle et sauvage. [1]

Aussi les partisans de l'égalité absolue sentent-ils que l'idéal qu'ils se font de la justice ne pourrait, même théoriquement, se réaliser et se maintenir que sous un régime de législation internationale. — C'est pourquoi les socialistes sont internationalistes. — Ce n'est pas à l'étiage des conditions économiques d'un pays déterminé qu'ils prétendent mesurer l'égalité, c'est à l'étiage de la civilisation.

Mais quelle puissance supérieure saura déterminer les limites de ce qu'on peut entendre par la civilisation. — Où est le peuple dit civilisé qui n'ait conservé quelque vestige de mœurs barbares, qui ne compte quelques individus inférieurs en valeur morale au niveau de la valeur des peuplades sauvages; quelle est celle de ces peuplades chez laquelle on ne trouve soit la trace de pensées ou de mœurs, soit la présence d'individus, dignes de la civilisation. — Lorsqu'il s'agira de partager également tous les biens de la terre entre tous les hommes civilisés, quel sera l'arbitre suprême qui délivrera à chaque individu son certificat de civilisation !

---

(1) C'est bien aussi à ce résultat que tendent inconsciemment, sans même avoir l'excuse d'un faux idéal de justice, ces socialistes sans le savoir qu'on appelle les protectionnistes. — Combien plus éclairés ne sont pas les libéraux qui s'inspirant de ce qui s'est passé pour les individus, les communes, les provinces d'un même pays, cherchent la prospérité de leur patrie dans sa sécurité, et sa sécurité dans la solidarité toujours croissante des intérêts internationaux qui naissent du libre-échange, comme la prospérité des individus est née de la sécurité intérieure qu'a produite la solidarité des intérêts nationaux !

Il faut donc être logique : l'égalité des conditions ne peut être la justice que si on l'étend à tous les individus existant dans le monde. — Les égalitaires qui poussent l'ouvrier européen le plus ordinaire et le plus misérable à réclamer une condition égale à celle du plus habile entrepreneur d'industrie, doivent trouver bon qu'à leur tour le Fuégien et le Dahoméen réclament leur part des vêtements, du logement, de la nourriture et des distractions dont cet ouvrier est pourvu dans quelque mesure.

La conception de l'égalité des conditions, basée sur la seule notion de l'existence des individus et des biens, est donc contraire, en théorie, à l'idée la plus élémentaire de justice ; elle condamne et abolit l'effort fait par l'homme civilisé, par l'homme supérieur à la généralité, pour améliorer son sort. — En pratique, il est inutile de démontrer son absurdité, et de se demander par quel moyen on pourrait évaluer les biens appréciés si différemment par les individus qui peuplent le globe, et les répartir également entre eux.

Aussi essaie-t-on de baser cette conception, non plus sur l'existence des individus, mais sur leurs besoins. — Reconnaissant qu'il existe des inégalités entre les habitudes de vie des individus, on admet qu'il peut exister des inégalités entre leurs moyens d'existence ; on se résout à ne réclamer qu'une égalité relative. — Mais on la veut relative aux besoins : nous prétendons qu'elle doit être relative au mérite.

Chacun peut indéfiniment augmenter l'étendue

de ses besoins sans augmenter l'importance des biens à partager; au contraire, moins l'homme donne de son temps à la production, plus il en peut consacrer à la consommation et plus ses besoins augmentent. Dire « A chacun selon ses besoins » c'est proclamer une formule de paresse, de spoliation et d'injustice. — Notre formule est « A chacun selon ses mérites ». — Là est la vraie théorie de la justice.

Ce qui est injuste, ce n'est pas l'inégalité des conditions en elle-même, ce sont les inégalités dans le rapport entre le sort des hommes et leur valeur propre; ce n'est pas que certains possèdent ou reçoivent plus que d'autres, c'est que certains possèdent ou reçoivent plus que ne comporte l'utilité de leur rôle dans la société.

Qu'en pratique, il soit aussi difficile de proportionner la répartition des biens au mérite des individus qu'à leurs besoins ou simplement à leur nombre, c'est ce dont nous ne disconviendrions pas s'il fallait admettre que cette tâche incombât à une puissance humaine quelconque. — Mais il est une loi naturelle qui se charge de jouer ce rôle; nous renvoyons ceux qui la méconnaissent aux démonstrations de la science économique, dont il leur est facile, avec un tant soit peu d'observation, de contrôler l'exactitude dans les mille circonstances de l'existence; nous les renvoyons aussi à la belle étude de M. Yves Guyot sur « la Morale de la Concurrence ».

Lorsque la concurrence ne produit pas

immédiatement, dans un domaine quelconque, des effets conformes à la justice et à la morale, c'est infailliblement parce qu'elle est incomplète ou parce qu'elle est déloyale.

Que l'idéal de la justice soit bien éloigné de nous, qu'il ne doive jamais être complètement atteint c'est ce qui est malheureusement incontestable. — Que le rôle de l'intrigue et de la mauvaise foi dans la répartition des avantages sociaux soit infiniment trop étendu, et que ces éléments d'injustice, ne doivent jamais disparaître, c'est ce qu'on ne saurait nier sans un étrange aveuglement.

Mais sous le régime de liberté dont les principes de 1789 sont la base, les inégalités qui résultent de l'influence des vices et des passions humaines ne peuvent être qu'individuelles.

Les hommes qui souffrent de la contrainte et de l'astuce des violents, des fourbes et des égoïstes sont à tous les degrés de l'échelle sociale ; et ceux qui, grâce à leur violence ou à leur fourberie, grâce aussi à la lâche complaisance de l'opinion publique qui les flétrit tout bas, mais s'incline devant la puissance de la richesse ou de l'influence qu'ils ont plutôt détournée qu'acquise, qui les désapprouve mais les craint, ceux-là qui consomment plus qu'ils ne produisent, sont dans tous les rangs de l'armée sociale.

Il est des individus qui ayant reçu de la nature des dons brillants, et ayant recueilli les fruits du travail et de l'épargne de ceux qui les ont précédés dans la vie, ne songent pas que leur devoir envers eux-mêmes et envers la société est de tirer des avantages qui leur sont échus tout le produit possible, et de ne faire servir à la satisfaction de leurs besoins qu'une part raisonnable de ce produit ; qui, au lieu de chercher à accroître par leur travail et par l'exercice de leurs facultés le capital moral, intellectuel et matériel qu'ils ont reçu, ne songent qu'à le gaspiller dans la satisfaction de leurs passions et de leurs appétits.

Mais il en est aussi qui, n'ayant reçu que des bras solides ou des principes honnêtes, préfèrent plutôt que de se servir des uns et de se conformer aux autres, vivre par leur paresse ou leur fourberie aux dépens des hommes plus courageux ou plus droits qu'eux-mêmes.

En haut comme en bas, le tort que font à la société ces individus est le même.

Le vice et la vertu ne sont l'apanage d'aucune catégorie d'individus ; on les trouve partout, le premier plus ou moins raffiné, la seconde plus ou moins développée, selon les milieux, mais partout également nuisible ou également utile dans une proportion relative à l'importance du rôle joué dans la société par l'individu chez lequel ils se rencontrent.

Or, que peut-on demander au législateur et au juge pour combattre les inégalités de traitement qui sont le résultat des imperfections et des vices individuels ? De punir les faits actifs par lesquels chaque individu aura été convaincu d'avoir porté à autrui un préjudice tangible et appréciable. — Ils sont le plus souvent impuissants, sous peine de causer de plus grandes injustices que celles qu'ils voudraient réprimer, à reconnaître et à atteindre les faits actifs qui ne causent un dommage qu'indirectement à travers la complicité de mœurs relâchées ou complaisantes.

A plus forte raison ne peuvent-ils apporter de sanction à la condamnation des faits passifs, c'est-à-dire de l'inutilisation par les individus des forces que la nature a mises en eux pour qu'ils contribuent dans une proportion petite ou grande au progrès de la société, puisque personne ne peut reconnaître et évaluer ces forces. C'est là cependant que réside la source la plus abondante d'inégalités imméritées !

Les religions, qui sont la première forme du gouvernement des hommes, ont si bien compris cette impuissance à corriger ces inégalités, qu'elles n'ont pas mis sur cette terre la récompense des efforts faits par l'homme pour atteindre à la vertu. — Elles ont donné à son besoin d'encouragement et de récompense l'espoir d'une existence future meilleure.

Malheureusement pour ces religions, leurs ministres n'étant que des hommes comme les autres, le contraste entre leurs imperfections propres et la perfection de leurs doctrines a détaché bien des âmes élevées et loyales des hauts enseignements que des esprits supérieurs avaient voulu perpétuer en établissant ces religions.

Mais on doit chercher le remède au mal qu'a pu produire, au point de vue social, la disparition des bienfaits de la foi dans le seul développement de la conscience individuelle; dans la connaissance que doit acquérir chaque individu du rôle qu'il est destiné à jouer dans la société, et des devoirs auxquels il lui faut se soumettre pour remplir ce rôle. — On doit lui enseigner à apprécier plus haut que toute autre la récompense que trouve tout honnête homme dans la pensée qu'il a utilisé pour le mieux ses facultés et qu'il a ainsi contribué dans la mesure de ses moyens, tant par le produit qui est résulté de ses efforts que par l'exemple qu'il a donné, au progrès matériel et moral de l'humanité. — On doit en un mot se reposer sur une morale supérieure à toutes les religions du soin de corriger dans la mesure du possible les inégalités sociales, c'est-à-dire les injustices.

Si au contraire on veut confier ce soin à un pouvoir coërcitif quelconque, on ne fera que créer un culte nouveau, le culte de l'Etat, dont les prêtres seront loin d'offrir des garanties meilleures que ceux des religions en décadence.

Nous avons dit que les gouvernants sont impuissants à découvrir et à redresser la plupart des inégalités individuelles. — Ils ne répareront pas cette impuissance en cherchant à découvrir et à redresser des inégalités collectives qui n'existent que dans leur imagination, et s'ils poursuivent ce but ils n'aboutiront qu'à créer de nouvelles inégalités individuelles.

Quand, par exemple, ils décrètent, en appliquant le principe de la progressivité de l'impôt, que certains citoyens devront faire abandon pour subvenir aux besoins indivis de la communauté, d'une part de ce qu'ils possèdent proportionnellement plus forte que la part demandée à d'autres citoyens, ils créent arbitrairement autant de classes artificielles qu'ils fixent de divisions entre les chiffres de fortune. — Ils ne se préoccupent pas de savoir si, parmi les hommes composant les plus élevées de ces classes factices, il n'en est pas qui auraient fait des ressources qu'on leur retire un emploi plus fructueux pour la communauté, et si parmi ceux composant les classes favorisées, il n'en est pas qui profiteront de ce dégrèvement de charges pour en faire un usage malsain et nuisible à la communauté comme à eux-mêmes.

C'est cependant ce qui arrivera inévitablement. — On aura diminué l'inégalité des conditions, mais on aura augmenté et compliqué les inégalités dans la rétribution du mérite.

Est-ce là ce qu'on appelle la justice sociale?

LES AFFAIRES PUBLIQUES

ET LE

Classement des Partis

Les hommes composant l'état-major des partis politiques qui se disputent en France la conquête du gouvernement, soit qu'ils aient pour unique mobile le désir personnel de prendre une part des avantages matériels et moraux que confère le pouvoir, soit qu'ils n'aient d'autre but que d'appliquer les systèmes qu'ils croient sincèrement les plus utiles au bien commun, prétendent tous posséder la formule de la meilleure direction à donner aux affaires publiques.

Mais pour l'observateur qui cherche à se dégager des traditions, des préjugés et des intérêts particuliers, pour le citoyen de bonne volonté qui veut s'éclairer sur les moyens de contribuer par le choix de ses mandataires à réparer ce qu'il trouve de défectueux dans l'édifice des rapports sociaux, les formules des différents partis qui briguent son suffrage représentent-elles véritablement des principes et des idées générales susceptibles de donner une base à un système de gouvernement ?

Les étiquettes que ces partis se donnent comme signes de ralliement ont-elles des significations qui répondent nettement à des conceptions différentes de ce que doit être l'État ?

Les barrières qu'ils élèvent entre eux sont-elles plus infranchissables que les divergences entre les nombreux programmes d'un même parti, programmes que, dans leur désir de réunir le plus grand nombre possible d'adhérents, tous ont le soin de rendre très vagues et très élastiques? Ne voit-on pas les chefs de ces partis, lorsqu'ils arrivent au pouvoir, faire bon marché de nombre d'articles de leur programme qu'ils déclaraient hier en constituer la base et qu'ils abandonnent aujourd'hui comme étant d'application inopportune?

En un mot, chaque parti a-t-il une conception nettement distincte de celle que s'en fait le parti voisin, de l'intérêt général et permanent de la nation?

Les divergences dans l'idée qu'on peut se faire de la fonction du gouvernement [1] procèdent de deux tendances, entre lesquelles devrait choisir, suivant son tempérament, l'homme entièrement dégagé de tout esprit de parti : la tendance libérale et la tendance autoritaire : la première comportant le désir de voir disparaître les entraves

____

[1] Il est bien entendu que par gouvernement nous entendons toujours le pouvoir central, départemental ou communal ayant un droit de contrainte plus ou moins étendu sur la liberté et les ressources des citoyens.

apportées par des institutions communes coër-
citives à l'exercice de la liberté individuelle, c'est-
à-dire la tendance à diminuer progressivement
l'importance du rôle gouvernemental ; la seconde,
au contraire, ayant pour idéal l'accroissement
constant de la réglementation dans les rapports
sociaux, c'est-à-dire la soumission toujours plus
grande des volontés individuelles à la volonté du
gouvernement.

Les programmes des trois grands partis politiques bien tranchés entre lesquels se répartit
actuellement la représentation nationale, c'est-à-
dire le parti monarchiste, le parti républicain, et
le parti socialiste, se guident-ils sur une des deux
tendances que nous venons d'indiquer ?

De ces trois partis, le dernier seul procède fran-
chement et incontestablement de la tendance
autoritaire ; le fond de sa doctrine consiste dans
la réglementation par une méthode et sur un plan
uniformes de tous les rapports entre individus.
Aussi, tandis que les étiquettes qui désignent les
autres partis varient à l'infini suivant les pays,
celui-ci existe-t-il partout sous la même forme et
avec le même programme. — Une partie du parti
monarchiste, celui pour lequel ce mot couvre surtout les idées cléricales, procède également de la
tendance intolérante et autoritaire.

Mais si l'on considère les deux autres partis,
monarchiste non-clérical et républicain, peut-on
dire qu'il y ait entre les hommes qui les composent
une divergence absolue de tendances ? N'y a-t-il

pas certains monarchistes, attachés à leur parti par les seules traditions, qui sont beaucoup plus libéraux de tendances et d'opinions que bien des républicains, et certains républicains à l'esprit sectaire qui sont infiniment plus autoritaires que tel et tel monarchiste ?

Il est une formule généralement admise par les politiciens, et proclamée récemment dans un programme ministériel, c'est que la République doit désigner autre chose qu'une forme de gouvernement, autre chose qu'une institution politique.

— Nous estimons que cette opinion, si l'on peut qualifier d'opinion l'idée qui s'abrite derrière une formule aussi vague, constitue la plus grave erreur politique, la plus fertile en équivoques, en confusions et en divisions.

Non, la République n'est pas autre chose qu'une forme de gouvernement qui permet à chacun de prétendre à une part de pouvoir, comme les Monarchies sont d'autres formes qui réservent cette prérogative à un nombre plus ou moins grand de privilégiés. — La République peut abriter les conceptions les plus autoritaires, comme la Monarchie peut permettre l'établissement des institutions les plus libérales. (1)

Le mot de liberté représente une tendance, une idée ; le mot de république ne représente qu'une

---

(1) On a bien souvent signalé qu'il y a des Républiques de toutes sortes et que celle des États-Unis et celle du Paraguay, par exemple, ne se ressemblent en aucune façon. — Cette constatation n'empêche qu'on ne s'en aille répétant sans cesse tous les lieux communs sur les vertus de la République, et qu'on ne confonde l'attachement à cette forme de gouvernement avec l'amour du bien public.

formule. — Celui qui écrit ces lignes a été bercé par cette formule, il a appris dès l'enfance, des républicains les plus anciens et les plus fermes, à aimer la forme républicaine et n'en conçoit pas, parmi les formes connues, qui, théoriquement, se rapproche davantage de l'idéal de gouvernement. Mais il n'hésite pas à déclarer que s'il lui fallait, pour suivre le drapeau de la République, déserter le drapeau de la Liberté, c'est le premier qu'il abandonnerait.

Il est juste et nécessaire d'écarter de la direction des affaires publiques les hommes qui n'ont d'autre but, pour satisfaire certains intérêts et pour obéir à certaines traditions, que de perpétuer dans le pays des agitations stériles au bout desquelles se trouve un changement de forme du gouvernement. Mais la seule raison à cela, c'est que la pure question de la forme du gouvernement est une misérable et secondaire question à laquelle n'est pas lié l'intérêt majeur, l'intérêt général du pays ; ce qu'exige cet intérêt, ce n'est que la stabilité de la forme.

La preuve qu'il en est ainsi, nous la trouvons dans la facilité avec laquelle les populations se détachent des formes déchues de gouvernement ; si la vie sociale était en quelque manière suspendue à la forme des institutions politiques, verrait-on, chaque fois qu'une révolution a modifié celles-ci, verrait-on la majorité électorale se déplacer aussi facilement et affirmer ainsi son besoin de voir ses mandataires cesser les vaines agitations autour des formules constitutionnelles ?

Lors donc que des partisans des anciens régimes, s'inclinant devant ce besoin de stabilité gouvernementale de l'opinion publique, ont déclaré et prouvé par leurs actes qu'ils renoncent à toute opposition en faveur de leurs traditions, les hommes de tendances et de tempéraments si divers qui composent le grand parti républicain, unis par la seule étiquette républicaine, mais divisés sur tant de questions, n'obéissent qu'à des préjugés et non à une tendance définie, lorsqu'ils repoussent le concours de ces nouveaux venus pour les départager dans leurs différends.

On prétend que la République est autre chose qu'une institution politique, que nul citoyen ne se peut déclarer républicain s'il n'accepte pas l'esprit de la République ! — Ce sont là des mots. — La République est-elle une forme de gouvernement ? Oui, sans doute. Etant cela elle ne peut être autre chose — Qu'est-ce que l'esprit d'une forme ?

Il faut donc renoncer à cette équivoque et reconnaître que la désignation de républicain ne peut et ne doit s'appliquer qu'à l'adhésion d'un citoyen à la forme républicaine, à sa renonciation à toute agitation en faveur d'un changement de cette forme. — C'est la signification qu'a ce mot pour la grande masse des électeurs, et quand ce n'est pas par mauvaise foi, nous trouvons qu'ils cèdent à une singulière tendance à aigrir et à compliquer les rapports politiques et sociaux, ceux qui veulent, en créant un malentendu sur le sens du mot « républicain », détourner au profit de leurs conceptions l'aversion naturelle du peuple pour les révolutions.

Aujourd'hui, il n'y a plus en France qu'une très petite minorité d'électeurs et d'élus pour réclamer un changement dans la forme du gouvernement. Il est donc loisible aux hommes qui s'occupent d'affaires publiques de mettre de côté cette question, qui doit être réglée avant toute autre, mais qui n'est pas de premier ordre au point de vue du développement de la vie nationale, pas plus que ne l'est la raison sociale au point de vue du développement d'une entreprise commerciale et industrielle.

Tous les citoyens qui ont déclaré adhérer à la forme du gouvernement, qu'ils soient des premiers ou des derniers venus, doivent donc confondre leurs rangs pour se grouper ensuite, non plus pour la défense de certaines traditions et suivant certaines étiquettes, mais pour la défense de certaines idées, et suivant certaines tendances se rattachant à une conception nette de ce que doit être le rôle du gouvernement dans les relations sociales.

Est-ce là ce qui passe ? Voit-on les partis politiques déclarer nettement qu'ils ont pour idéal la tendance libérale qui fait consister le progrès dans une diminution des fonctions de l'État, ou la tendance autoritaire qui considère comme la seule marche en avant l'extension toujours croissante de ces attributions ?

En dehors des socialistes de doctrine pour

lesquels l'idéal politique est la tutelle de l'État imposée à tous les citoyens dans toutes les manifestations de leur activité, mais qui eux-mêmes dissimulent leur autoritarisme sous une apparente déférence envers les volontés populaires; en dehors de quelques hommes qui se glorifient du titre de libéraux, pour la science et le talent desquels on semble avoir beaucoup d'admiration, mais qu'on considère généralement comme des conservateurs à tout prix sinon comme des réactionnaires, dont la véritable place n'est pas au centre, mais à l'avant-garde du parti du progrès, parce que ce sont eux qui voient le plus loin, qui ne se refusent à suivre les chemins découverts par de prétendus réformateurs que pour être plus certains de ne pas s'écarter de la grande route qui mène à la liberté; en dehors de ces deux groupes, aucun parti politique ne semble avoir l'idée bien nette des deux grandes directions que peut suivre le progrès des institutions politiques.

Et cependant il faut choisir ! On aura beau dire qu'il n'y a là qu'une théorie, il n'en est pas moins vrai que lorsqu'on a la prétention de se qualifier de progressiste, prétention qu'émettent presque tous les hommes politiques, et qu'on traite dédaigneusement de réactionnaires ses adversaires, on doit suivre une direction qui mène au progrès; qu'il faut donc voir ce progrès d'un côté ou de l'autre; que l'idéal libéral et l'idéal autoritaire étant aux deux extrémités du chemin législatif, toute mesure à laquelle s'associe le législateur doit inévitablement l'éloigner de l'un pour le rapprocher de l'autre.

La plupart des hommes politiques ne semblent pas éprouver ce sentiment que pour tracer aux affaires publiques une direction, il faut avoir en vue une conception idéale des rapports sociaux, la conception libérale ou la conception autoritaire; que si cette conception idéale ne doit devenir une réalité que pour les générations très éloignées de la nôtre, le progrès ne peut cependant consister que dans les mesures qui en accéléreront la réalisation. — Presque tous au contraire semblent avoir pour idéal de réaliser une série de mesures tantôt libérales, tantôt autoritaires, qui leur semblent utiles au moment où ils les prennent, mais sans se préoccuper des conséquences qu'elles pourront avoir dans l'avenir; ils veulent limiter le progrès, ou, s'ils n'ont pas cette prétention, ils se déclarent incapables de concevoir dans quelle direction immuable le progrès doit s'avancer. — En cela, ils font preuve de bien peu de largeur de vues.

On les voit s'affubler des étiquettes de conservateur, de modéré, de radical, et se donner ainsi pour mission de conserver ou de réformer soit modérément, soit radicalement les institutions publiques du pays. — Mais vous qui voulez conserver, considérez-vous donc que le progrès politique soit parvenu à son summum? Et vous qui voulez réformer avec modération ou d'une manière radicale, dans quel sens idéal réformerez-vous?

Nous comprenons qu'on soit opportuniste ou

radical, qu'on veuille marcher dans la voie du progrès avec plus ou moins de prudence ; mais encore faut-il savoir dans quelle direction l'on marche. — Le progrès ne s'arrête pas, et votre notion du bien et du mal en matière législative ne doit pas s'appliquer seulement à la génération à laquelle vous appartenez ; la limite que vous voulez tracer entre vous et ceux que vous appelez « les partis avancés » sera franchie tôt ou tard, et si vous jugez fausse et nuisible la conception qu'ils se font des affaires publiques, vous devez vous déclarer pour la conception opposée. — Vous devez élargir vos vues et déclarer si vous mettez l'idéal des rapports sociaux dans la soumission de la liberté et de l'initiative individuelles à la contrainte exercée par une délégation de la communauté, ou dans un perfectionnement de l'usage de cette liberté et de cette initiative qui permette sans dommage pour la communauté de supprimer la contrainte.

Peu importe que cet idéal vous semble nuageux et que vous ne vous représentiez que très confusément la réalité qui doit y correspondre ; c'est l'affaire d'un nombre inconnu de générations d'y atteindre complètement, mais c'est la vôtre de leur déblayer la voie autant qu'il est en votre pouvoir. Si vous avez conscience que la direction des affaires publiques doit avoir pour guide un intérêt général et permanent qui a été l'intérêt d'hier, qui est celui d'aujourd'hui, et qui sera celui de demain, et non pas l'intérêt d'un nombre, fût-ce le plus grand nombre, qui varie à l'infini selon le moment

et le point de vue auquel vous vous placez, vous
devez choisir entre deux opinions; vous devez
être libéral ou autoritaire.

Et si l'épithète d'autoritaire répugne, pour les
idées de despotime qu'elle éveille, aux politiciens
qui ne sont pas des libéraux, qu'ils adoptent s'ils
le préfèrent celle d'interventionniste qu'aucun
d'eux ne peut renier. — Mais qu'on l'appelle autoritarisme ou interventionnisme, l'opposition des
tendances que désignera ce mot aux tendances du
libéralisme constituera le seul classement normal
des partis.

On pourra être dans l'un ou l'autre sens, modéré
ou radical ; on pourra, étant donnée comme point
de départ l'importance actuelle du rôle de l'Etat,
la diminuer ou l'augmenter avec une prudence ou
une rapidité plus ou moins grandes, dans des
domaines plus ou moins étendus; mais si l'on ne
considère pas que le progrès soit dans la conception collectiviste qui est l'idéal de l'interventionnisme, on devra songer que chaque pas fait dans
le sens d'une extension des attributions de l'Etat
sera un pas fait en arrière.

Il nous faut bien constater que l'idée que nous
nous faisons du classement normal des partis ne
rencontre guère de faveur auprès de la grande
majorité des hommes qui prennent une part aux
affaires publiques. — C'est très bien, disent
beaucoup de ceux qui se croient les plus libéraux,
de vouloir limiter l'intervention de l'Etat, mais
c'est, en somme, une question de mesure. — Si

l'Etat ne doit pas être tout, il est cependant l'organisme le plus puissant de la nation, et comme tel, c'est à lui de réaliser les améliorations sociales dont le besoin se fait sentir. — Suivant que les innovations pour lesquelles on en appelle à l'initiative de l'Etat nous paraîtront ou non constituer des améliorations sociales, nous lui accorderons ou nous lui refuserons ce supplément d'attributions.

C'est là une erreur qui provient de ce que l'on confond la puissance de l'Etat avec sa capacité morale.

Si l'Etat est l'organisme le plus puissant dans la nation, c'est qu'il a été créé pour la défense des intérêts communs et indivis entre tous les citoyens. — Mais cela n'implique pas que, tant dans la conception que dans l'application, il soit le plus capable d'intervenir utilement et dans le sens le plus conforme à la justice, lorsqu'il s'agit de départager des intérêts même les plus considérables, même les plus respectables, qui ne sont pas des intérêts communs à tous.

L'Etat est composé d'hommes dont la capacité morale et intellectuelle a des bornes, fussent-ils toujours choisis parmi les meilleurs et les plus intelligents ; or s'il est incontestable que le progrès économique consiste à augmenter sans cesse le nombre et la variété des branches dans lesquelles peuvent s'exercer les capacités humaines, et cela n'est, pensons-nous, contesté par personne, peut-on admettre que le progrès politique consiste à augmenter le rôle de l'Etat, c'est-à-dire à charger les mêmes hommes du fardeau de fonctions toujours plus diverses et toujours plus lourdes?

Il est malheureusement des obstacles énormes à la division rationnelle des partis en deux grandes fractions libérale et interventionniste.

C'est d'abord la faiblesse que montrent dans la pratique, des hommes qui sont convaincus de la supériorité de l'initiative privée sur l'action gouvernementale, mais qui estiment qu'on peut tourner les principes et faire aux préjugés, à titre d'essai, certaines concessions qui semblent peu dangereuses. — Telle loi, se disent-ils, si elle ne fait pas de bien, ne peut faire de mal ; donnons la satisfaction de l'illusion à ceux qui y voient un progrès. — Ceux-là ne songent pas que la mesure interventionniste la plus anodine en apparence a toujours cet immense inconvénient d'engourdir et d'entraver l'initiative privée, qui, sans la redoutable concurrence de l'Etat, n'aurait pas tardé à porter ses efforts sur l'objet qu'on se propose ; que si même l'intervention de l'Etat est suivie dans certains cas de quelques effets favorables immédiats, ces effets sont bien au-dessous de ceux qu'aurait produit, un peu plus tard peut-être, mais avec d'autant plus de bonheur qu'elle aurait été mieux stimulée par la nécessité, l'intervention d'institutions libres, plus souples à se plier aux diverses nécessités de temps et de lieu que ne peut l'être l'immense machine qui s'appelle l'Etat. Ils oublient aussi que si les mesures auxquels ils s'associent si légèrement ne donnent pas, et c'est presque toujours le cas, les résultats attendus, c'est à leur modération qu'on en attribuera la déception, et que s'ils veulent alors ramener l'opinion publique dans le droit chemin, il leur faudra dix fois plus d'efforts qu'il n'en eut fallu pour l'empêcher de s'en écarter.

Mais l'obstacle principal à la constitution d'un grand parti libéral toujours anti-interventionniste, c'est la difficulté de réunir des hommes politiques désireux ou capables de dégager en tous temps, dans chaque question, l'intérêt général véritable de la foule des intérêts particuliers. — Chaque élu sacrifie à tout instant à ces derniers, soit par un bas intérêt personnel, soit par étroitesse d'esprit et par conviction que son mandat lui est conféré en vue de procurer à ses mandataires directs le plus d'avantages possibles; chacun consacre à cette lutte incessante des intérêts le meilleur de son attention et de son intelligence . Ne voit-on pas des députés qui, représentant une circonscription composés d'éléments essentiellement commerciaux et d'autres éléments essentiellement agricoles, croient devoir chercher la vérité économique dans une moyenne entre les revendications de ces divers éléments, et promettent aux uns une liberté commerciale limitée, aux autres une protection modérée. — Qu'on partage en deux cette circonscription et nous verrons, suivant qu'il optera pour l'une ou l'autre fraction, le même législateur se déclarer nettement libre-échangiste ou carrément

protectionniste. Et telle est l'influence des milieux
que nous ne doutons pas de la bonne foi de ces
hommes dont la sensibilité intellectuelle est trop
soumise aux impressions passagères et immédiates,
pour leur permettre de se former des opinions
basées sur l'étude et la réflexion; ils manquent
peut-être moins de la largeur de vues et de l'esprit
de méthode nécessaires pour rattacher à des idées
générales l'observation des faits auxquels ils sont
mêlés et des idées particulières qui leur sont
sont soumises, que des loisirs de pensée suffisants
pour permettre à ce travail de s'opérer dans leur
cerveau.

Étant donné cet état d'esprit de la plupart des
hommes qui composent l'État, il n'est pas étonnant
qu'ils ne possèdent plus la clarté de conception
nécessaire pour résister aux sollicitations des intérêts particuliers en faveur d'interventions dont le
principe les laisse, au fond, souvent sceptiques,
mais dont ils n'osent combattre la forme séduisante à la foule. — En outre, il faut considérer
que si l'intérêt général et permanent est infiniment plus considérable que chacun des intérêts
immédiats et particuliers en faveur desquels on
réclame une intervention de l'État, chaque individu
dont l'adhésion est nécessaire pour obtenir cette
intervention ne possède de l'intérêt commun que
la nation aurait à la repousser qu'une part infini-
tésimale, dont il fait volontiers le sacrifice. De même
un mendiant soutire facilement quelque menue
monnaie à une quantité de gens dont beaucoup se

trouvent à la fin de la journée avoir récolté au prix de leurs efforts moins que lui-même par son effronterie. — L'intervention de l'État se traduit ainsi par un détournement insensible des avantages sociaux au profit des moins dignes et des plus avides, et par une incitation graduelle des citoyens à demander à l'État ce qu'ils pourraient se procurer par leurs propres efforts ou par la puissance de l'association libre.

Malheureusement, la part prise par chacun à cette œuvre d'injustice et d'affaissement moral est si petite et si divisée que bien peu sentent la part de responsabilité qui leur incombe.

Mais si les libéraux sont peu nombreux, la conscience qu'ils ont d'être les véritables défenseurs de l'intérêt général et permanent de la nation, et, par la hauteur des principes qu'ils défendent, de l'intérêt général et permanent de l'humanité, doit les rendre hardis et confiants dans l'avenir.

A eux de dénoncer à tout instant, de toute la force de leur conviction, les résultats néfastes de l'interventionnisme sous toutes ses formes ; mais à eux aussi de se grouper, de se constituer en un parti politique tolérant dans l'application de ses principes, mais inébranlablement opposé à l'application des principes contraires.

A eux de faire comprendre au pays que les étiquettes de rallié, de modéré, de conservateur, de radical, ne signifient rien si elles ne désignent pas

les diverses nuances d'une opinion basée invaria-
blement sur le principe de liberté ou sur le principe d'intervention ; que le classement qui s'opère
actuellement sous ces étiquettes est un classement
de traditions, de préjugés et d'appétits, et non un
classement de conceptions menant à un but
déterminé en matière d'affaires publiques ; qu'il
faut marcher vers l'acquisition de toutes les libertés
ou vers la soumission à toutes les contraintes ; que
l'application des progrés politiques peut sans doute
être opportuniste ou radicale, mais qu'elle doit avant
tout s'opérer toujours dans le même sens ; que si l'on
admet au profit de certaines catégories de citoyens
des restrictions à la liberté des autres, liberté de produire, de contracter ou d'échanger, on ne pourra
plus s'arrêter dans cette voie, parce que la protection amenant des excès inévitables, il faudra indéfiniment protéger à leur tour ceux qui souffriront
de ces excès, et que de protection en protection,
personne ne se trouvera plus protégé et chacun
sera d'autant plus malheureux qu'il aura cru l'être.

Et qui sait si la lassitude qu'éprouvent les électeurs de la confusion toujours croissante des opinions et des solutions proposées aux problèmes
sociaux, le scepticisme que font naître les mille
promesses irréalisées et irréalisables de ceux qui
cherchent le pouvoir, ne feraient pas accueillir
avec plus de faveur qu'on ne suppose la franchise
et la simplicité d'un programme nettement libéral ?
Qui sait si le pays ne comprendrait pas les hommes
qui, déclarant loyalement leur impuissance à

satisfaire par la législation le besoin des améliorations sociales pour lesquelles l'esprit de combinaison et l'activité de l'initiative privée n'ont pas encore fait tout ce qu'on en peut attendre, tiendraient le langage suivant :

« Nous recherchons la conquête du pouvoir, mais c'est pour en restreindre les prérogatives; nous voulons que chaque citoyen soit protégé contre les ennemis de la nation à l'extérieur et contre les ennemis de l'ordre à l'intérieur; que chacun puisse obtenir réparation du préjudice qu'il a souffert; que le patrimoine commun resté indivis entre tous les citoyens soit soigneusement conservé et entretenu; que chacun participe aux charges communes dans une proportion aussi exacte que possible, non pas de ce qu'il produit ou de ce qu'il consomme, mais des moyens de production et de consommation qu'il possède. — Mais pour que cette tâche soit exécutée au mieux de l'intérêt général, nous voulons condenser sur elle sur elle tous nos efforts; plus l'objet du rôle qui nous incombera sera réduit, mieux ce rôle sera rempli; et dans ce but toute notre politique consistera, non pas à créer à l'État de nouvelles fonctions, mais au contraire à rechercher sans cesse dans quelle mesure il pourra se décharger sur l'initiative privée de celles qui lui incombent actuellement. — Aussi, en dehors d'une répartition plus équitable des impôts et de la justice, nous ne ferons aux intérêts qui nous solliciteront aucune promesse, parce que nous ne saurions la tenir sans la faire payer trop chèrement par une absorption de ressources hors de proportion avec le service que nous rendrions. — Les seules réformes que nous entreprendrons seront : la première, de réviser notre arsenal de lois, non pour en ajouter de nouvelles, mais pour le simplifier en élaguant toutes celles qui sont inutiles et troublent par la nécessité d'appliquer des textes inflexibles la conception des hommes qui sont chargés de juger des faits infiniment variés ; la seconde de réduire le budget des dépenses publiques pour restituer aux citoyens le libre usage des ressources dont la confiscation n'est pas indispensable aux besoins communs, et cette réforme ne s'accomplira qu'au moyen d'une diminution continue des attributions de l'Etat.

Non pas que nous voulions jeter le pays dans un état de désordre et d'anarchie par la brusque suppression des services qu'il s'est habitué à recevoir d'un organisme central ; non pas que notre confiance dans l'excellence du principe de la liberté des échanges nous pousse à faire tomber toutes nos barrières douanières alors que ces barrières existent encore ailleurs, et à sacrifier ainsi par un exemple trop généreux les intérêts immédiats de notre pays à l'intérêt général et permanent de l'humanité.

Mais considérant que la réduction à leur plus simple expression de cet organisme central et de ces barrières douanières constitue le but suprême du progrès dans les relations sociales, nous voulons repousser tout prétexte pour augmenter, saisir toute occasion pour réduire la puissance de cet organisme et de ces barrières.

Nous sommes convaincus que s'il nous suit dans cette voie, notre pays marchera, à la tête des nations, et autour du drapeau de la République qui doit être celui de la Liberté, vers la conquête du progrès, de la paix sociale et de la justice. »

Qu'il se constitue un parti uni et inébranlable sur les principes d'un tel programme; que ce parti ne laisse passer aucune consultation du suffrage universel sans lui présenter des candidats résolus à porter son drapeau sans faiblir; qu'il ne se laisse pas décourager par les échecs, mais qu'il oppose sans se lasser sa conception nette et invariable de l'intérêt public aux innombrables systèmes des politiciens, et son énergie et sa persévérance ne tarderont pas à produire leurs effets dans ce pays du bon sens et des idées simples.

Les innombrables électeurs qui ont la conscience du gâchis politique dans lequel nous vivons sans en concevoir nettement la cause, et qui en reportent la responsabilité sur des élus qu'ils estiment individuellement, mais qu'ils méprisent en bloc, ces électeurs, éclairés par la lumière du programme libéral, s'apercevront que ce n'est pas aux hommes, mais aux conceptions erronées du rôle de l'Etat, qu'il faut s'en prendre.

La conception libérale se dégagera nettement des conceptions autoritaires, et le classement rationnel des partis sera opéré.

LES INSTITUTIONS

ET LES

MŒURS POLITIQUES

S'il est un point sur lequel l'opinion des citoyens français semble s'accorder d'une manière à peu près unanime, c'est sur l'état défectueux et la marche précaire des affaires publiques. — En dehors d'un petit nombre d'hommes qu'un robuste optimisme ou un intérêt de parti porte à considérer que tout est pour le mieux dans la meilleure des Républiques et à s'enthousiasmer pour les moindres faits et gestes de nos gouvernants ; en dehors de ceux-là qui peuvent réunir une majorité parmi les politiciens et les journalistes, mais qui ne sont certainement qu'une minorité dans le pays, on ne rencontre guère que des citoyens auxquels le seul mot de politique n'inspire que des mouvements de découragement ou d'indifférence.

Le sentiment, si nettement éprouvé par la plupart des esprits, que l'impulsion donnée aux affaires publiques ne répond pas aux véritables intérêts du pays, les entraîne vers deux courants d'idées opposés. — Les uns s'en prenant aux institutions politiques et aux hommes qui en ont la direction, réclament des réformes et des hommes nouveaux. — Les autres, portés par l'intuition ou par l'expérience du passé, à se méfler de la vanité des conceptions humaines en ce qui concerne les rapports sociaux, se désintéressent entièrement de la politique ; s'ils ne s'abstiennent pas complètement, ils se bornent à exercer mollement leur droit de vote en faveur du candidat dont la personne leur est le plus sympathique, ou dont le programme flatte le plus quelques-uns de leurs intérêts spéciaux.

Cette dernière catégorie de citoyens, ceux qui se contentent en politique d'opinions très vagues, très simplistes et très flottantes et qui n'éprouvent pour les politiciens et leurs panacées qu'une indifférence frisant de très près le mépris, est de beaucoup la plus nombreuse ; de sorte que les hommes qui ont quelques idées et quelques systèmes, et surtout de l'ambition, prenant seuls l'initiative des affaires publiques, constituent la pépinière des hommes dirigeants qui se recrutent ainsi dans une minorité, ce qui, en soi-même n'est pas un mal. Mais comme les partis entre lesquels se divise cette minorité ont besoin, pour parvenir au pouvoir, de s'appuyer sur une partie aussi grande que possible de la masse des citoyens dont la politique est le moindre des soucis, tous leurs efforts tendent à arracher momentanément ces derniers à leur indifférence en flattant sur quelque point, suivant les temps et les milieux, leur intérêt particulier immédiat ou leurs sentiments, plutôt qu'en faisant appel à leur raison.

Les hommes politiques de bonne foi qui croient en poursuivant le triomphe de leur idéal, servir les véritables intérêts de la nation, excusent à leurs propres yeux, par la grandeur du but qu'ils se proposent, la mesquinerie des moyens qu'ils emploient ; mais en donnant l'exemple de l'intrigue, ils facilitent singulièrement le jeu des ambitieux qui, pour la seule satisfaction de leurs désirs personnels, empruntent les idées et les systèmes qu'on croit propres à attirer les suffrages de la foule.

Il en résulte que plus les électeurs se laissent aller au scepticisme politique que leur inspirent l'insuffisance, la mauvaise foi et la soif de pouvoir des politiciens et plus ils se désintéressent, en l'accomplissant sans conviction ou en ne l'accomplissant pas du tout, du rôle politique minimum qui leur incombe, plus ils aggravent la situation politique qui est la cause de leur scepticisme et et de leur indifférence. — Par dégoût et mépris des politiciens, ils abandonnent le pays aux plus incapables et aux moins honnêtes d'entre ceux-ci.

La grande majorité des citoyens qui, s'arrêtant un instant à considérer la situation politique, éprouvent un vif sentiment de malaise, ont le tort de ne pas assez s'attarder à réfléchir aux moyens de sortir de cette situation. — Mais le moment venu de remplir leurs devoirs électoraux, s'ils ont assez de loisirs ou assez de conscience pour le faire, ils se ressouviennent de l'impression pénible qu'ils ont un jour éprouvée en examinant la marche des affaires publiques, et s'en vont jeter dans l'urne, sans beaucoup de foi, avec la pensée que si cela ne va pas mieux, cela ne peut guère aller plus mal, un bulletin portant le nom du charlatan politique dont le programme promet de tout réformer, ou bien celui de l'homme à poigne et à panache en qui ils espèrent trouver le Messie qui arrêtera la désagrégation politique, ou qui tout au moins remplacera par une tyrannie unique et acceptée la tyrannie collective et anonyme des politiciens. — Ou encore, ils s'enfoncent dans leur scepticisme et s'abstiennent complètement, ce qui est le meilleur moyen de donner le pouvoir à ceux entre les mains desquels on souhaiterait le moins de le voir passer.

Dans tous les cas, ils auront fait faire aux libertés politiques un pas vers le suicide ; ils auront poussé le pays vers la révolution au profit d'un homme ou au profit d'une caste, vers l'anarchie ou la réaction ; ils l'auront livré aux avides et aux audacieux.

Les esprits sérieusement préoccupés de l'avenir de leur pays, et qui se rendent compte de la gravité de la situation, semblent vouloir y chercher un remède dans deux directions différentes.

Les uns ne voient d'autre moyen pour enrayer les progrès des conceptions extrêmes, que de faire à ces dernières ce qu'ils nomment de sages concessions; ils veulent combattre le socialisme par des combinaisons empreintes d'un esprit socialiste modéré. — C'est ce qu'ils appellent faire la part du feu, se leurrant ainsi par une image impropre, car faire la part du feu consiste à couper au fléau toute communication avec ce qui l'entoure, tandis qu'eux attirent sur l'édifice social les premières flammes du brasier des conceptions socialistes, dont il deviendra de jour en jour plus difficile d'arrêter les progrès. Ceux là sont les indécis qui, incapables de se former une conviction sur l'essence de l'intérêt général, se laissent séduire par les théories du sentiment; ou les faibles qui ayant une conviction manquent du courage nécessaire pour la défendre, et s'en remettent au hasard ou à leurs successeurs du soin de tracer une limite aux concessions qu'ils sont toujours disposés à faire à la violence et à l'utopie. Ce sont les éternels partisans du juste milieu, qui parent leur faiblesse du nom de modération, qui font résider la sagesse politique dans un compromis entre les opinions les plus opposées, dont la modération n'a jamais empêché le triomphe des partis plus énergiques qui marchent sans arrêt vers leur but, et qui lorsque le pays a connu les déceptions et les souffrances qu'entrainait le triomphe de ces partis, ont toujours été englobés dans le même sentiment de réprobation et n'ont jamais empêché l'opinion publique de chercher un remède dans une réaction pire que le mal. — C'est à eux, c'est à leur peur de paraître piétiner sur place s'ils restent fermes autour du drapeau de la vérité politique et s'ils préfèrent ne pas bouger plutôt que de faire un pas en arrière tant que le pays ne les suit pas dans la voie qu'ils jugent la meilleure, que nous devons d'être jetés successivement dans toutes les expériences malsaines et dans toutes les réactions.

Les hommes épris du bien public qui sont tentés de céder à cette faiblesse et à cette indécision doivent se dire que si la nécessité peut justifier dans de rares circonstances les individus qui transigent avec les principes qu'ils ont donnés pour règle à leur vie, de semblables transactions dans la vie des nations sont infiniment plus graves et absolument injustifiables, parce que l'existence d'un individu n'est comme importance et comme durée qu'un atome dans l'organisme social dont le développement constitue le progrès, tandis que l'existence d'une nation en est un rouage important. — Nul n'est digne de s'occuper des affaires publiques d'un grand pays s'il ne donne pour base à son action des principes inébranlables et s'il ne prend la résolution d'être modéré dans l'application, mais intransigeant dans la conception de ces principes ; toute concession à des principes opposés n'est pas un acte de modération, mais un acte de faiblesse.

D'autres esprits attribuent l'incohérence et la marche précaire des affaires publiques aux défauts de nos institutions politiques, et emploient toute leur ingéniosité à inventer des combinaisons pour supprimer tel ou tel rouage actuel ou pour créer tel autre plus perfectionné ; pour réduire les attributions de tel corps politique élu au profit de tel autre corps de carrière, ou vice-versa ; pour augmenter la prépondérance du pouvoir exécutif sur le pouvoir législatif ou du second sur le premier.

Certes, nous ne prétendons pas que nous possédions les institutions politiques idéales, notre Constitution ne nous apparaît pas comme le texte immuable et sacré autour duquel doive nécessairement graviter la vie nationale, et nos sentiments démocratiques et libéraux seraient infiniment moins choqués de voir chercher les conditions de l'équilibre entre les pouvoirs publics en dehors d'une sorte de hiérarchie aboutissant à une fonction d'apparat, que de voir introduire constamment dans la législation des principes restrictifs de la liberté et de l'égalité devant la loi.

Les institutions politiques ne valent que par l'usage qu'on en fait : qu'on s'applique d'abord à ne pas dénaturer celles qu'on possède et à en tirer le meilleur parti possible. — Il y a quelque puérilité à espérer que des modifications dans la forme des institutions auront le pouvoir de ramener l'ordre et la méthode dans le développement de la vie politique de la nation.

Ce ne sont pas les meilleurs ouvriers qui, lorsqu'ils ne sont pas satisfaits de leur travail, s'en prennent à leurs outils et ne demandent qu'à les changer ; avant de songer à perfectionner la qualité des outils, il faut apprendre à s'en servir.

La persévérance n'est pas, malheureusement, la vertu dominante dans notre pays et nous sommes toujours trop portés à attendre des changements de personnes et d'institutions les améliorations qu'on ne peut demander qu'au temps, à l'expérience et à la réflexion.

Lorsque de nouveaux législateurs arrivent au pouvoir, il est de mode d'attendre d'eux monts et merveilles ; mais ils n'y sont pas depuis un mois que les anathèmes commencent à pleuvoir sur la Chambre dévoyée, sur la Chambre incapable. — De nombreuses voix s'élèvent pour demander la dissolution et de nouvelles élections dont il semble que sortira la rénovation politique ; et lorsque prend fin la législature, c'est de toutes parts un soupir de soulagement très justifié généralement, mais aussi une optimiste bienveillance à l'égard des nouveaux législateurs, qui l'est beaucoup moins. — Au bout de vingt-cinq ans de législatures successives sous un même régime, nous commençons à nous lasser de ce petit jeu et à nous convaincre que plus les députés changent, moins leur valeur s'améliore ; aussi n'est-ce plus aux hommes qu'on s'attaque, mais au régime, et les systèmes qui consistent à bouleverser le fonctionnement de nos institutions trouvent de plus en plus de faveur dans l'opinion des citoyens les plus sérieux et de ceux qui ne sont nullement attachés aux anciens régimes.

Nous avons la conviction qu'il n'y a dans cet état d'esprit que la source de déceptions et de mécontentements. — Les institutions politiques sont le vêtement dont il importe avant tout de couvrir le corps social, mais dès qu'il l'abrite suffisamment, la forme de ce vêtement importe peu à son développement ; ce sont les mœurs politiques qui lui fourniront la substance de sa nourriture.

Nous avons lu récemment avec le plus vif intérêt un petit livre [1] dont l'auteur fait preuve du même scepticisme que nous à l'égard des opinions qui, faisant de telle institution le bouc émissaire de nos misères politiques, consistent simplement à la modifier ou à la supprimer. — Mais il s'attaque lui-même à l'institution politique fondamentale qui est la base de toutes les autres, c'est-à-dire au suffrage universel, ou plutôt à la manière dont il est pratiqué, et fait avec une éloquence très spirituelle et très entrainante le procès des vices de ce qu'il appelle le suffrage universel inorganique. — Nous nous associons sans réserve à tous les arguments contenus dans cette étude, mais la conclusion, qui consiste à demander « l'organisation » du suffrage universel, nous déconcerte un peu.

Nous sommes loin de méconnaitre l'intérêt qu'il y aurait à supprimer les sortes de loteries que sont les consultations actuelles du suffrage universel, dans lesquelles chaque représentant est nommé par des milliers d'électeurs qui ne le connaissent

---

[1] De l'Organisation du Suffrage Universel, par Ch. Benoist, une brochure in-18, chez Firmin Didot.

pas, ne le peuvent juger et n'ont pour guide que ses promesses; nous verrions volontiers pratiquer un système qui ferait de l'élection une sélection et qui ne nous semble pouvoir résider que dans un suffrage non pas restreint, mais à plusieurs degrés, permettant aux électeurs de donner leur confiance à l'élu en meilleure connaissance de cause. — Le pays y gagnerait sans doute d'avoir de meilleurs gouvernants au point de vue des garanties morales et intellectuelles, les chances d'illusion de la part des électeurs sur la personne de l'élu diminuant d'autant plus que la restriction du nombre de ceux-là leur facilitera le contact avec celui-ci.

Mais si l'on peut espérer d'une organisation du suffrage universel, dont M. Ch. Benoist ne précise d'ailleurs pas s'il l'attend de la loi ou du libre groupement des électeurs, un personnel gouvernemental meilleur, [1] est-on justifié à y voir le principal moyen d'obtenir un gouvernement dont l'action repose sur des idées justes et conformes à l'intérêt général du pays? L'âpre lutte des passions, des intérêts et des sentiments pour la conquête du pouvoir qui doit leur donner les moyens de se satisfaire, pour être moins brutale, en sera-t-elle rendue moins ardente et l'influence des préjugés et des idées fausses que défendent sincé-

---

[1] Depuis que ces lignes ont été écrites, M. Ch. Benoist a développé son idée dans des articles des revue et annonce qu'il la développera encore davantage; jusqu'ici aucune solution bien pratique ne nous paraît se dégager de son étude, mais si la suite nous la présente, nous la saluerons avec plaisir.

rement ou que flattent hypocritement les programmes des candidats sous le régime électoral actuel, ne se fera-t-elle pas sentir, atténuée peut-être, mais toujours prépondérante, à travers les couches successives d'électeurs ?

Nous croyons pour notre part que, sans repousser certaines réformes dans les institutions, c'est surtout à la tâche de redresser par une propagande infatigable les mœurs politiques que doivent se consacrer les hommes soucieux du bien public.

Ce qui est important, c'est d'éclairer les électeurs sur la nature de la souveraineté que leur confèrent les institutions démocratiques ; c'est de leur faire comprendre que cette souveraineté n'est que le droit des individus composant le peuple de se réunir pour disposer de leurs destinées communes et indivises et qu'elle ne doit s'exercer que sur un nombre déterminé de questions à la solution desquelles chacun d'eux possède un intérêt égal ; et lorsque nous disons un intérêt égal, nous voulons parler de l'intérêt de chaque individu au bon fonctionnement des institutions publiques, non pas proportionnellement à la part d'avantages sociaux qu'il détient, mais d'une manière absolue par le seul fait qu'il existe, c'est-à-dire qu'il constitue une molécule du corps social. — Les conditions du développement du progrès étant la paix, l'ordre et la justice, chaque citoyen possède un intérêt égal à ce que la paix, l'ordre et la justice soient sauvegardés, et c'est pourquoi il doit posséder une part égale de la souveraineté nationale.

Mais s'il veut employer cette souveraineté en vue de faire prévaloir certains intérêts que lui-même ou un nombre plus ou moins grand de ses concitoyens, fussent-ils une majorité, possèdent comme hommes, et non pas comme unités du corps social, alors il n'exerce plus un droit, mais une tyrannie ; car il porte atteinte au droit imprescriptible de chaque citoyen de disposer comme il l'entend de sa liberté et de ses ressources, en dehors de la part strictement nécessaire qu'il doit abandonner en vue du bien commun.

L'électeur doit apprendre qu'il a à choisir ses mandataires uniquement pour le charger de veiller à la sauvegarde : de la paix, et dans cette tâche nous comprenons le soin de ménager la dignité nationale, à laquelle toute atteinte portée est un germe de guerre future ; de l'ordre, qui comporte à nos yeux la nécessité de donner un minimum de protection provisoire aux individus complètement abandonnés du sort et de leurs semblables, et dont la présence dans la société constitue un désordre ; de la justice, non seulement dans la sanction des droits individuels, mais dans la répartition des charges publiques.

Lorsqu'il lui donne pour mandat de défendre ou plutôt de chercher à satisfaire certains intérêts spéciaux, intérêt du producteur ou intérêt du consommateur, intérêt de l'employeur ou intérêt de l'employé, intérêt du riche ou intérêt du pauvre ; lorsqu'il en appelle pour aider à la satisfaction de ces intérêts, à la sollicitude de l'Etat, c'est-à-dire à la contribution obligatoire d'une partie quelconque des citoyens dont les intérêts sont différents, l'électeur commet un abus du pouvoir. (1) — L'exercice de sa souveraineté doit s'arrêter à la satisfaction des besoins du citoyen, parce que le citoyen est toujours un citoyen, tandis que le producteur et l'employeur d'aujourd'hui peuvent être le consommateur et le salarié de demain, et sont toujours ou souvent, dans des branches différentes de l'activité humaine entre lesquelles les citoyens réunis n'ont pas à servir d'arbitre, les deux à la fois; parce qu'il n'est pas de puissant ou de riche que ses passions, son incapacité ou sa mauvaise fortune ne puisse mettre en peu de temps à la place de ce faible et de ce pauvre auxquelles les circonstances, secondant son énergie et ses vertus, permettront de s'élever aux premiers rangs.

Si l'opinion publique, par sa netteté, sa droiture et sa puissance, ne parvient pas aussi rapidement qu'il serait désirable, à diriger et à encourager l'initiative des hommes de bien qui pourraient consacrer à des améliorations sociales une partie de leur temps et de leurs ressources, ou la conscience des citoyens qui par la rectitude de leur conduite et l'exercice utile de toutes leurs facultés, peuvent contribuer au progrès de la communauté en même temps qu'à l'amélioration de leur sort, c'est à faire l'éducation de l'opinion publique qu'il faut s'attacher.

—————

(1) Voir Yves Guyot, les Principes de 89 et le Socialisme, livre IV, Chapitre II.

Il faut lui apprendre à honorer toutes les vertus et à mépriser toutes les faiblesses individuelles, mais non la leurrer de cette chimère qu'elle peut se reposer sur des délégués, dépositaires officiels d'une vertu collective imaginaire, du soin de redresser des faiblesses collectives qui n'existent pas.

On semble avoir beaucoup goûté l'image dans laquelle le chef du gouvernement français opposait récemment la politique de la main tendue à la politique du poing fermé : il ne faut pas cesser d'inculquer à l'opinion la haine de l'égoïste qui tient le poing fermé et l'amour de l'homme généreux qui a la main tendue, mais il faut lui dire aussi que si cette image peut représenter l'exercice d'un vice et d'une vertu, elle ne signifie rien si on l'applique à une politique. — La politique de la main tendue pratiquée par les politiciens avec les ressources de l'impôt, c'est la politique de la main dans la poche d'autrui, c'est la politique de l'aumône qui ne coûte rien, mais qui rapporte le pouvoir !

Y a-t-il un homme charitable qui, ayant distribué librement à de moins heureux que lui une partie de ses ressources, puisse se flatter d'avoir toujours atteint le but qu'il se proposait, c'est-à-dire de soulager des misères réelles et imméritées ? Combien d'entre eux ne se découragent-ils pas de faire la charité pour avoir été exploités par de faux malheureux !

S'il entre ainsi une part d'arbitraire et d'injustice

dans le bien fait autour d'eux par les individus, quelles proportions effrayantes ne prendront pas cet arbitraire et cette injustice lorsque la main tendue sera celle du gouvernement? Cette politique, c'est la distribution, par des hommes dont le seul intérêt est de se concilier la faveur du nombre, d'avantages matériels et de services moraux chèrement produits avec les ressources prises à certaines catégories de citoyens !

Qu'on laisse à l'initiative privée le soin de pratiquer cette politique de la main tendue: elle y gagnera au point de vue moral, parce qu'elle ne lèsera personne, et au point de vue économique, parce qu'elle évitera le gaspillage !

Les esprits généreux ne se rencontrent pas que chez les politiciens ! Qu'on les laisse agir ; ils sauront recueillir par la persuasion et par l'émulation, des sources les plus fécondes, et à moins de frais, autant de ressources qu'on en peut obtenir par l'impôt ; et ils en feront la distribution avec plus de discernement.

Quant à la solidarité, qu'on enseigne aux citoyens les mille formes sous lesquelles elle peut se manifester, mais qu'on ne leur impose pas les entraves auxquelles les politiciens jugent bon de donner ce nom. — Le sentiment de la solidarité, c'est-à-dire le groupement spontané des intérêts est une arme merveilleuse pour aider au développement du progrès humain ; la solidarité artificielle imposée par des hommes que ne touchent pas personnellement les intérêts à grouper, est une entrave.

L'erreur qu'il faut dénoncer, c'est la *souveraineté* du peuple pour faire le bonheur des individus. — Les mœurs politiques qu'il faut combattre, ce sont celles des électeurs aveuglés par cette erreur qui cherchent, par l'exercice de la part de souveraineté qui leur est conférée en vue de participer au bonheur général, à réaliser ce qu'ils considèrent comme les conditions du bonheur individuel pour eux et ceux qui vivent dans le même milieu.

Il faut leur faire comprendre qu'en confiant au gouvernement la tâche surhumaine de tenir la balance égale entre tous les intérêts particuliers et temporaires, ils le détournent de son devoir qui est d'assurer la sauvegarde de l'intérêt général et permanent ; et qu'en livrant la conquête du pouvoir à la lutte de ces intérêts, ils font de l'organisme social destiné à maintenir la paix, l'ordre et la justice, un facteur de trouble, de désordre et d'arbitraire.

Il faut qu'ils sentent l'absurdité et l'iniquité des mesures par lesquelles on veut contraindre ceux qui possèdent plus, non pas à contribuer aux charges communes dans la proportion de ce qu'ils possèdent, mais à abandonner une part de leur richesse en faveur de ceux qui ont moins : et cela non pas parce que les uns sont plus dignes que les autres de posséder, mais par puéril désir de niveler les conditions ! — Il faut leur expliquer que cette manière simpliste de comprendre la justice n'a pour résultat que de gaspiller dans d'énormes frais de contrôle et de répartition une partie des ressources qu'on déplace, et d'alimenter avec une autre partie autant de paresseux et d'imprévoyants que de sages travailleurs ; que les citoyens peu fortunés qui demandent au travail, à l'ordre et à l'épargne l'amélioration de leur sort, ne peuvent donc que perdre à ce déplacement de ressources qui n'auraient pas été enfouies par leurs propriétaires, mais auraient servi à alimenter des entreprises où les travailleurs auraient trouvé l'emploi de leurs services.

La politique n'est pas la science de diriger toutes les manifestations de l'industrie humaine. — C'est une industrie spéciale, la plus importante parce qu'elle est la seule qui intéresse tous les citoyens, mais dont le rôle doit être nettement et strictement limité à la production des services nécessaires pour assurer le libre fonctionnement de toutes les autres.

Lorsque les citoyens auront appris à comprendre ce rôle de la politique, il leur sera facile de choisir et de rappeler sans cesse à une juste appréciation de leur fonction sociale les politiciens qui ne font rien de bien, parce qu'ils se croient destinés à tout faire. — Le perfectionnement des mœurs politiques pourra seul rendre possible le perfectionnement des institutions. — Vouloir attaquer la seconde de ces tâches avant d'avoir réalisé la première, c'est se condamner à l'impuissance, augmenter la confusion des idées, et accroître le dégoût qui éloigne peu à peu les citoyens de l'accomplissement de leurs devoirs politiques.

Est-ce une utopie que d'espérer voir régner un jour de saines mœurs politiques? Faut-il désespérer de les faire acquérir à une majorité d'électeurs? En tous cas, il ne faut pas se lasser de chercher à faire sentir par le raisonnement et par l'exemple en quoi elles consistent.

Quoique puissent dire les publicistes pessimistes pour lesquels c'est là matière à une facile et sentimentale éloquence, nous nous refusons à croire que l'âpreté de la lutte pour l'existence ait altéré les mœurs privées. Les citoyens qui, à tous les degrés de l'échelle sociale, pratiquent l'exercice des vertus privées, et ne demandent qu'à pouvoir tirer librement le meilleur parti possible de leurs facultés, sans faire de tort à personne, sont l'immense majorité.

Pour la plupart de ceux-là, la politique et les politiciens, les prétendues revendications sociales tant exploitées par ces derniers, sont le moindre des soucis; ils se contenteraient fort bien de l'idéal politique qui consisterait à posséder une bonne armée, une bonne justice et de bonnes finances. — Beaucoup se dispensent totalement de remplir leurs devoirs d'électeurs; un plus grand nombre votent simplement pour le candidat dont les tendances, la conduite passée et présente lui inspire le plus de confiance ou que des considérations locales souvent très accessoires désignent à son suffrage; beaucoup enfin se laissent prendre au mirage des programmes, sans beaucoup de foi, mais en se disant que les choses ne pouvant guère aller plus mal qu'elles ne vont, on peut bien, après tout, essayer de nouveaux systèmes ; ou bien aux promesses qui flattent ses intérêts en lui faisant espérer de l'intervention législative le remède aux crises et aux maux économiques dont il souffre le plus directement.

C'est sur ces électeurs qu'il faut agir sans se lasser et sans se décourager ; ce sont eux qu'il faut conquérir à des mœurs politiques dignes de leurs mœurs privées et qui sauveront le corps social ; ce sont eux qu'il faut convaincre par un langage dont la simplicité leur garantira la sincérité et le désintéressement, par l'exposition dans toutes les circonstances politiques de principes inébranlables dont l'invariabilité finira par les frappper.

Aux uns, il faut démontrer que s'ils se désintéressent de la politique, les politiciens et leur clientèle ne se désintéressent pas des ressources qu'on peut tirer d'eux par l'impôt, et que faire abstraction de son droit de citoyen, c'est abandonner bénévolement une part toujours plus grande de sa liberté et de sa propriété. — Aux autres que les élus les plus probes et les plus intelligents, s'ils n'ont pas une conception absolument saine et nette du rôle qui leur incombera dans la direction des affaires publiques, seront d'autant plus dangereux qu'ils prêteront à des théories fausses et à des pratiques mauvaises l'autorité de leur honnêteté et de leurs capacités ; qu'il ne suffit de choisir les hommes les meilleurs mais qu'il faut aussi leur imposer les meilleures idées. — Aux autres enfin, que si fâcheuse que soit la situation politique, l'expérience prouve que, si les esprits s'égarent dans les sentiers sans issue des théories et des systèmes, cette situation ne peut qu'empirer jusqu'à des désordres terribles qui seront suivis d'une réaction formidable ; que le développement de la prospérité publique ne peut pas être arrêté par la libre concurrence pour la fourniture des produits et des services, dont chacun profiterait plus comme consommateur qu'il n'en souffrirait comme producteur si la liberté existait dans toutes les branches de l'activité humaine ; mais qu'il est au contraire étouffé sous l'amas des lois et des réglementations qui imposent à chacune de ces branches des gênes et des charges inégales, qu'il importe d'égaliser non en les augmentant, mais en les diminuant.

Cette tâche éducatrice doit-elle rester stérile ? En tous cas, le devoir de tous les hommes qui ont quelques idées générales en matière d'affaires publiques est de consacrer toute leur énergie à les répandre par la plume et par la parole, quelque soit leur rayon d'action. — Qu'ils se livrent à cette tâche sans hésitation, sans défaillance, comme aussi sans acrimonie et sans parti-pris ; qu'ils ne laissent pas passer une occasion de signaler dans leur entourage les erreurs et les préjugés, de les dépouiller impitoyablement de leur apparence trop souvent séduisante ; qu'ils s'adressent toujours à la raison et jamais aux passions et aux intérêts ; qu'ils aient sur toutes les questions le courage de leurs opinions comme aussi la volonté d'examiner toutes les opinions contraires et le courage de reconnaitre les erreurs dans lesquelles aura pu s'égarer leur raison. Qu'ils sachent, en un mot, frapper les esprits par la fermeté et l'ardeur, autant que par la modération et la dignité de leur propagande, et nous ne désespérons pas de voir la majorité des citoyens apprendre à transporter dans les mœurs politiques la parfaite raison et l'honnêteté scrupuleuse qui dominent encore dans les mœurs privées.

LES GRANDES ENTREPRISES

LE COMMUNISME

et la limite de la Capacité de Direction

C'est une formule généralement admise pour constater le triomphe du régime de la grande industrie que les gros mangent les petits, et si le sentimentalisme qui domine dans bien des esprits se trouve choqué de cette constatation, il en est bien peu cependant qui, en la faisant, ne se rendent compte plus ou moins confusément que cette absorption des petites entreprises par les grandes est un fait économique acquis, contre lequel il est inutile de récriminer.

C'est que ces grandes entreprises étant constituées, comme les petites, dans le but de se procurer des bénéfices en fournissant des produits et des services, tout homme raisonnable est bien obligé de reconnaître qu'elles n'auraient pas acquis leur prédominance, si les consommateurs de ces produits et de ces services n'avaient pas trouvé un avantage à s'adresser à elles: que par conséquent elles servent l'intérêt général et constituent un progrès. — Chaque individu étant producteur d'un seul produit ou d'un seul service, et consommateur d'une foule de produits et de services, plus l'extension du régime des grandes entreprises aménera une économie et une abondance de production dans des branches diverses de l'industrie humaine, plus la balance entre ce que l'individu gagne comme consommateur et ce qu'il perd comme producteur penchera du premier côté.

Est-ce à dire que le pouvoir utile de l'extension des entreprises soit illimité, et que les proportions qu'elles ont si rapidement prises sous le régime de la liberté de l'industrie et du commerce succédant à celui des réglementations corporatives et parallèlement à l'énorme développement des moyens de production, doivent s'accroître indéfiniment jusqu'à partager entre un très petit nombre d'entre elles toutes les capacités productrices d'un grand pays ?

C'est là l'opinion qu'on semble émettre lorsqu'on parle des petits mangés par les gros, lorsqu'en présence de l'absorption progressive, par quelques-unes de ces grandes entreprises, d'une branche de l'industrie humaine cultivée jusque-là par un grand nombre de petits entrepreneurs, on s'écrie que les gros capitaux peuvent tout.

C'est aussi cette opinion qui, partagée ou habilement exploitée par les socialistes communistes ou collectivistes, amène beaucoup d'esprits à considérer d'un œil favorable certaines expériences de socialisme d'Etat, certains monopoles qui sont un acheminement vers le collectivisme. Puisqu'il suffit, se dit-on, de réunir de grands capitaux pour former les entreprises qui doivent produire au meilleur compte, pourquoi l'État et la commune, qui sont à même de réunir des capitaux appartenant à tous les consommateurs du produit ou du service d'usage bon ou local qu'il s'agit de fournir, ne s'acquitteraient-ils de cette tâche mieux que toute entreprise privée ? Celle-ci prélèvera sur les produits des bénéfices qu'elle s'attribuera ; ceux-là abandonneront ces bénéfices aux consommateurs. — On aura ainsi prévenu le monopole des grandes entreprises vers lequel nous achemine leur extension croissante, en organisant une vaste co-opération.

En raisonnant ainsi, on oublie que la prospérité des grandes entreprises, qu'elles prennent la forme de sociétés à bénéfices ou la forme co-opérative, dépend de deux facteurs principaux. — Il faut qu'elles exercent leur action sur un champ assez vaste pour que la répartition de leurs frais de production puisse leur permettre de fournir leurs produits à un prix au moins aussi bas que celui atteint jusque-là. Il faut aussi qu'elles soient bien menées, c'est-à-dire qu'elles soient dirigées par un ou plusieurs hommes sachant grouper le plus habilement possible ses éléments constitutifs et faire fonctionner de la manière la plus utile les rouages ainsi formés.

Or, si l'on peut étendre à l'infini le rayon d'action des entreprises en augmentant le capital à l'aide duquel elles fonctionnent. il ne dépend d'aucun pouvoir ni d'aucun système d'augmenter indéfiniment la capacité de direction des hommes qui sont à leur tête.

La direction de toute entreprise exige de la part de ceux qui en ont la charge, les qualités les plus nombreuses et les plus diverses ; l'intelligence, l'activité, le sang-froid, la rectitude du jugement, la puissance de résistance aux passions, l'esprit de combinaison, l'esprit de décision. — Comme il ne peut existe, s'il en existe, qu'un nombre très restreint d'hommes réunissant toutes ces vertus, il devrait en résulter que chaque individu, n'en possédant qu'une partie, ne saurait réussir et mener à bien son œuvre de direction que dans des entreprises requiérant plus spécialement les qualités qu'il est à même d'y consacrer, et par cela même forcément très limitées.— Il est vrai que chaque individu peut suppléer à son insuffisance en s'en associant un ou plusieurs autres qui participent dans la même mesure que lui à la direction de l'entreprise ; mais nous croyons prouvé par l'expérience que, dès qu'il existe plus de deux ou trois collaborateurs à cette direction, l'unité d'action nécessaire à la bonne marche de l'entreprise exige que les uns deviennent des rouages secondaires, tandis que la véritable direction impulsive reste l'œuvre d'un de ces collaborateurs, ou tout au plus de deux ou trois se complétant si parfaitement qu'ils sont capables de s'entendre sur tous les points.

Même sous ce régime d'association, aucun individu ou aucun groupe d'individus ne saurait diriger
utilement une entreprise un peu étendue, sans
posséder et y employer deux qualités maitresses
qui, par une application du principe de la division
du travail, constituent plus spécialement l'essence
de la capacité de direction, et permettent à l'homme
qui les possède d'exercer cette capacité, même si
certaines des vertus que nous avons énumérées
plus haut ne sont que peu développées chez lui.

La première, c'est la largeur de vues qui lui
permet de concevoir, jusqu'aux extrêmes limites
que peut embrasser son entreprise, le sens dans
lequel il doit exercer son action, et de mesurer
la relation entre l'importance du but à atteindre et celle des obstacles à surmonter. — La
seconde est l'art de mettre partout, suivant une
frappante expression anglaise « the right man
in the right place »; c'est-à-dire de juger et de
choisir les hommes qui, à tous les degrés, doivent
collaborer à l'entreprise en exécutant les tâches
qu'il n'a ni les loisirs ni les aptitudes pour remplir; de les grouper; de les rénumérer dans
une proportion aussi exacte que possible des
services rendus, pour éviter les mécontentements
qui sont des germes de désorganisation[1]; d'assigner

[1] Nous nous plaçons ici au strict point de vue utilitaire; mais nous
saisissons cette occasion de faire remarquer que ce point de vue mène
aux mêmes conclusions que le point de vue de la justice. — C'est l'occasion de rappeler et de méditer la formule dans laquelle M. de Molinari
constate l'étroite union de la morale et de l'économie politique; l'une,
dit-il, est la science du juste, l'autre est la science de l'utile. Mais il n'y
a de juste que ce qui est utile et d'utile que ce qui est juste (Notions fondamentales d'économie politique, page 245, 1 vol. chez Guillaumin).

à chacun une fonction en rapport avec ses aptitudes et ses qualités; de lui laisser exactement la somme d'initiative nécessaire pour que ces aptitudes et ces qualités produisent tout leur effet utile sans entraver la marche de l'entreprise dans le sens général conçu par la direction.

Quel est le directeur d'une grande entreprise qui niera que ce maniement des questions de personnes ne soit la partie la plus importante en même temps que la plus délicate de sa tâche?

Aussi quelle erreur les socialistes ne commettent-ils pas, lorsque, voulant repousser l'assimilation qu'on fait justement entre le communisme et le fonctionnarisme, ils s'écrient, avec M. Paul Lafargue : « Mais avec le communisme, il n'y aura pas d'Etat, il n'y aura pas de fonctionnaires ; le gouvernement des hommes sera remplacé par l'administration des choses! » [1]

Mais les choses ne sont-elles pas produites et consommées par les hommes, et comment voulez-vous administrer la production et la consommation sans tenir compte des aptitudes et des qualités des producteurs et des consommateurs! Pour administrer utilement, vous devrez tirer des individus, au profit de la communauté, le maximum des produits et des services qu'ils peuvent raisonnablement fournir, et les rémunérer équitablement en leur donnant dans la consommation une part proportionnelle à l'importance du service ou à la

____

(1) Paul Lafargue, Le Communisme et l'Evolution Economique (une brochure, Bibliothèque du Parti Ouvrier.)

rareté du produit qu'ils auront fourni. — Ou vous vous soumettrez à cette règle, et le principe de votre administration communiste ne différera en rien du principe de l'administration des entreprises privées; ou vous négligerez de vous y conformer, et il n'en pourra résulter que gaspillage de forces et d'aptitudes dans la production, qu'injustice dans la distribution.

M. Paul Lafargue croit avoir répondu victorieusement aux reproches de vouloir attirer sur la société la plaie du fonctionnarisme, lorsqu'il dit :

« Mais c'est sous votre régime d'industrie capita- » liste, que nous sommes envahis par les fonction- » naires; il y en a partout, dans vos grands bu- » reaux, dans vos grandes usines, dans vos grands » magasins ! »

M. Paul Lafargue aurait raison, si le mal social qu'on désigne sous le nom de fonctionnarisme, désignait l'existence même des fonctionnaires. — Mais ce n'est pas le cas; le fonctionnaire est nécessaire; tant qu'il existera des fonctions sociales, il faudra des fonctionnaires pour les remplir.

Le mot de fonctionnarisme désigne autre chose: il indique la déplorable tendance de beaucoup de fonctionnaires à oublier la nature exacte de leur fonction et à en grossir démesurément l'importance; à en perdre de vue l'essence pour ne s'attacher qu'à réaliser la forme qu'elle prend dans leur imagination souvent trop présomptueuse; ou bien plus simplement encore à mal s'acquitter de leur tâche, par paresse, légèreté ou incapacité.

Mais ce défaut du fonctionnaire, d'où provient-il? Uniquement de ce que la pensée qui a donné naissance à sa fonction lui échappe ; ou bien de ce qu'il est trop éloigné du contrôle et des conseils de ceux qui doivent veiller au bon fonctionnement de tous les rouages de l'entreprise ; ou encore de ce que ceux-ci s'acquittent de leur mission avec inintelligence, faiblesse ou partialité.

Certes, nous sommes d'accord avec M. Lafargue pour constater que le mal du fonctionnarisme sévit dans certaines grandes entreprises, et nous ajouterons même que le développement de cette maladie est en raison progressive de l'extension des entreprises.

Mais cette constatation nous ramène à la définition que nous donnions plus haut des qualités dont se compose la capacité de direction des entreprises.

Elle prouve qu'arrivées à un certain degré de développement, les grandes entreprises sont sujettes à un mal qui n'atteint pas les petites. — Si, par conséquent, la capacité de direction ne s'accroît pas parallèlement à l'agrandissement du rayon d'action de l'entreprise, ce mal, qui est le fonctionnarisme, et qui réside en somme dans une mauvaise utilisation des forces concourant à la production, finira par compenser et annihiler l'avantage des grandes entreprises, dont tout le secret consiste dans un groupement plus économique de ces forces.

Mais puisque la capacité de direction des entreprises doit être exercée par un homme ou un très petit groupe d'hommes, il est évident qu'elle doit très promptement rencontrer sa limite. — Quelque soit la supériorité du pouvoir de conception et d'administration de ces directeurs, ils ne peuvent étendre infiniment le champ de leur conception et en même temps appliquer la sûreté de leur méthode dans le choix des hommes, la distribution des fonctions et le contrôle des fonctionnaires, à un nombre toujours croissant de ces hommes et de ces fonctions. — Ils peuvent bien, c'est vrai, se décharger sur des collaborateurs du soin de remplir leur rôle en ce qui concerne certaines branches spéciales de l'entreprise ; mais encore faut-il qu'ils continuent à exercer sur ces branches et sur ces collaborateurs, dans certaines lignes générales, un pouvoir de direction et de contrôle. — Autrement, il aura pu se former plusieurs entreprises dans une seule, sous un même nom, avec des capitaux provenant de la même source ; mais chacune aura sa vie propre ; leur réunion ne donnera aucun avantage au point de vue de l'économie dans la production et n'augmentera pas par conséquent la puissance de l'entreprise.

Les grandes entreprises, dont l'utilité est basée sur le principe de la division du travail, doivent se conformer à ce principe en réglant leur limite sur celle de la capacité humaine de direction.

Quand elles ne se renferment pas dans cette limite, qui varie d'ailleurs à l'infini suivant la la nature de l'entreprise, elles sont vouées à une

décadence progressive et finalement à la disparition.

A côté des grandes banques, des grandes industries, des grandes maisons de commerce qui se
développent tous les jours grâce à la puissance de
grands capitaux mis à la disposition d'une grande
capacité de direction, combien n'en voit-on pas
qui, fondées et amenées à un haut degré de puissance par un homme qui a su voir loin et grouper
habilement des collaborations heureusement choi-
sies, végètent, périclitent et disparaissent lorsqu'elles tombent entre les mains de successeurs
moins bien doués des deux facultés maîtresses de
la capacité de direction, qui perdent de vue les
grandes lignes de leur entreprise pour s'attarder à
des points secondaires, ne savent pas tirer tout le
parti possible des facultés de leurs collaborateurs
en n'exerçant sur eux que le contrôle nécessaire
pour ne pas décourager leur initiative, ou, lésinant
sur la rénumération des concours dont ils ont
besoin, laissent échapper ceux qui seraient les plus
propres à leur assurer le succès.

Combien n'en voit-on pas qui succombent pour
s'être trop étendues, pour avoir voulu se sur-
charger de rouages inutiles ou trop coûteux, dont
le bon fonctionnement échappait aux limites de
leur capacité de direction ; d'autres aussi, qui,
après s'être adjoint de nouvelles branches d'activité, s'aperçoivent à temps que cette adjonction
n'augmentant pas leurs profits ou les diminuant,
est inutile ou nuisible, et se résignent sagement à

une diminution de leur rayon d'action ou à un arrêt dans son extension.

C'est donc une crainte injustifiée que celle de voir l'extension des grandes entreprises prendre un développement susceptible de créer en leur faveur une sorte de monopole, qui leur permettrait de surélever à leur seul profit le prix de leurs produits ou de leurs services.

Le champ ouvert, sous un régime normal de liberté aux débouchés de ces entreprises, est tellement plus étendu que la limite de la capacité de direction, que les capitaux doivent toujours se partager entre plusieurs d'entre elles. — S'ils ne le font pas, le gaspillage de forces résultant de la disproportion entre l'étendue de l'entreprise et la puissance de la capacité de direction a pour résultat, soit d'élever le prix du service ou du produit à fournir, soit de réduire la rénumération des capitaux engagés dans la production. — Dans les deux cas, il se trouve soit chez les consommateurs mécontents de payer plus cher, soit chez les producteurs mécontents de recevoir moins, des capitaux dissidents pour fonder à côté de la première qui doit sombrer ou s'organiser d'une manière plus conforme aux principes économiques, une seconde entreprise.

C'est ainsi que la loi de concurrence agit incessamment pour obliger les entreprises à se soumettre à la loi de la division du travail en se renfermant dans les limites de la capacité de leurs directeurs.

S'il existe quelques industries plus ou moins soustraites à la concurrence, ce n'est pas la puissance des capitaux engagés qui leur a constitué cette sorte de monopole, qui n'est dû qu'à des obstacles naturels. — L'esprit d'invention et de combinaison doit s'ingénier à vaincre la puissance de ces obstacles naturels et par conséquent des monopoles auxquels ils donnent naissance, et non pas à transporter dans le domaine des entreprises soumises au libre jeu de la concurrence, le régime du monopole.

Mais, disent les partisans du socialisme d'État ou du communisme, le monopole n'a d'inconvénients que lorsqu'il est exercé par des entrepreneurs qui l'emploient à se faire allouer une rénumération hors de proportion avec les services qu'ils rendent ou avec la valeur des produits qu'ils fournissent. — Dans notre conception, le monopole est exercé au profit des consommateurs ; ce n'est pas de l'entreprise que nous voulons faire, c'est de la co-opération !

C'est là que réside l'erreur que nous aidera à combattre l'observation du principe de la capacité limitée de direction.

En effet, comme l'entreprise créée en vue de bénéfices à prélever sur les clients pour être répartis entre les entrepreneurs, l'entreprise co-opérative est soumise à cette loi ; elle doit s'y conformer pour produire au bénéfice du consommateur tous les effets utiles de l'idée dont elle est née.

La co-opération, habilement conduite, agit très heureusement pour rappeler les entrepreneurs à la juste appréciation de la valeur de leurs produits ou de leurs services, lorsque la concurrence qu'ils se font entre eux n'agit pas assez efficacement pour amener ce résultat. — Mais d'autre part, la comparaison de leurs produits et de leurs services avec ceux fournis par les entrepreneurs à bénéfices, agit dans le même sens pour obliger les co-opérateurs à se conformer aux principes d'une bonne organisation et aux règles d'une bonne administration.

Il n'est ni sage ni raisonnable de souhaiter que la lutte pacifique de concurrence entre les entreprises et les associations mutuelles co-opératives aboutisse à l'anéantissement des unes ou des autres.

L'existence simultanée de ces deux formes de de production (et nous étendons la signification de ce mot à la production du service d'échange fourni par les entreprises commerciales et par les associations co-opératives de consommation) est une garantie de plus pour le consommateur du progrès des moyens de production; et par conséquent du progrès dans la qualité et l'abondance des produits.

La prétention des socialistes est de supprimer l'entreprise capitaliste libre. — Par quoi la remplaceront-ils ?

Est-ce par l'entreprise co-opérative libre ? Mais

ils se rendent bien compte de l'insuffisance de cette forme de la production pour répondre à leur idéal.

En effet, l'entreprise co-opérative ne peut recueillir les fonds nécessaires à son bon fonctionnement qu'à la condition d'assurer aux associés co-opérateurs des avantages immédiats équivalents pour eux au bénéfice qu'ils auraient tiré du loyer de ces fonds. — Si elle exige des capitaux qui resteront improductifs pendant un certain temps et courront des risques appréciables, elle ne réunira plus d'associés consentant à renoncer pendant ce temps au loyer de leur argent et à la prime destinée à couvrir les risques, ou elle n'en réunira pas en assez grand nombre pour qu'ils trouvent la rénumération des capitaux engagés et risqués par eux dans la répartition de l'économie dans les frais de production. Il en sera ainsi du moins tant que l'esprit de combinaison n'aura pas apporté d'importants perfectionnements dans la formation et le fonctionnement des associations co-opératives, et celles-ci ne pourront s'attaquer à certaines productions qu'à la condition de faire appel à de vulgaires capitalistes.

Mais le défaut que nous venons de signaler n'est pas le seul qui empêche l'entreprise co-opérative libre de réaliser l'idéal des socialistes ; ceux-ci, en effet, en même temps que la suppression de l'entreprise, réclament la suppression des salaires, c'est-à-dire de la détermination à l'avance et à forfait de la part du produit revenant à certains co-opérateurs à la production. — Or, l'expérience ne prouve pas que l'association co-opérative libre ait supprimé le salaire, ni l'ait remplacé par des avantages tangibles.

Aussi ce que réclament les socialistes, c'est la co-opération obligatoire, c'est la mise en commun de tous les moyens de production, dont aucun producteur n'aura le droit de conserver une part à son usage personnel.

Mais la production co-opérative coërcitive devra embrasser l'ensemble de la communauté, et être soumise à une direction unique pour chaque branche de la production. — Car si l'on sectionnait cette direction, il arriverait inévitablement que certaines sections de la communauté fourniraient une production meilleure et plus abondante. Les membres de cette section seraient-ils seuls à en profiter ? Mais alors on léserait les individus qu'on aurait arbitrairement et obligatoirement casernés dans une autre section. Au contraire les résultats de la production de chaque section seraient-ils mis en commun ? Mais alors quel serait l'intérêt de chacune à améliorer sa production pour ne recueillir qu'une partie du fruit de ses efforts ?

On ne peut donc concevoir l'idéal socialiste qu'avec une seule direction, pour la communauté tout entière, de chaque branche de la production.

Or, si la production ne peut donner son maximum d'effet utile qu'à la condition d'être effectuée par des entreprises dont l'extension a ses limites dans la limite de la capacité humaine de direction; si ces entreprises ne peuvent se maintenir dans leurs limites naturelles qu'à la condition d'être incessamment soumises au contrôle de la concurrence, quels ne seront pas le prodigieux gaspillage de forces productrices, la fantastique réduction du maximum d'effet utile du groupement de ces forces, si l'on réalise l'idéal socialiste !

Il existe dans l'état actuel des relations sociales des branches de l'industrie humaine qui restent soumises au régime communiste; c'est la production de la justice, de la sécurité extérieure et intérieure. — Qui ne reconnaîtrait que dans un grand pays la tâche de diriger ces branches de la manière la plus économique et la plus productive dépasse singulièrement la capacité de direction des hommes à qui elle incombe, et qu'elle gagnerait à être soumise à la concurrence?

Malheureusement, comme il n'appartient à aucun citoyen de limiter la part qu'il entend prendre dans la consommation des produits de cette industrie, nul n'a davantage le droit de limiter sa participation à la production; et la puissance coërcitive qu'il faut mettre à la disposition de l'entreprise chargée de cette tâche, qui s'appelle le gouvernement, exige qu'elle soit confiée à une direction unique. — Cette nécessité augmente dans des proportions considérables le prix de revient des services qu'on demande au gouvernement. — Mais le but du progrès social doit être de diminuer, non d'étendre l'importance de ce sacrifice exigé par un intérêt supérieur commun.

Quelle sont donc les conclusions qu'il faut tirer de la constatation de ce fait indéniable, que *la capacité humaine de direction utile des entreprises est limitée.*

C'est que les petits ne seront pas mangés par les gros; mais qu'il obtiendront au contraire le maximum de leur pouvoir de consommation, de l'habileté avec laquelle les directeurs des grandes entreprises sauront les grouper pour tirer de leurs facultés individuelles le pouvoir maximum de production.

C'est qu'il ne faut pas se préoccuper de mettre des obstacles législatifs au développement des grandes entreprises, dont chacune cesse naturellement de s'étendre dès que cette extension n'offre plus d'avantages à la communauté; mais qu'il faut au contraire voir d'un œil favorable les efforts faits par les capitalistes et les administrateurs pour constituer de grandes entreprises dans les branches d'activité humaine où il n'en existe pas encore.

C'est que le phénomène de la constitution des grandes entreprises ne doit pas mener à cette conception que toutes les entreprises peuvent et doivent être centralisées entre les mains d'un gouvernement, ou, si les socialistes préfèrent ce terme, d'une administration centrale.

C'est enfin que la constatation de l'existence de cette loi économique expliquera à M. Paul Lafargue et à son parti pourquoi le régime communiste sans lequel ont vécu et vivent encore des populations restreintes et peu développées, est incompatible avec notre civilisation, dont la caractéristique est l'abondance et la variété dans la production matérielle, intellectuelle et morale.

LA SOLIDARITÉ & L'ÉTAT

C'est au nom de la solidarité que l'on entend tous les jours réclamer pour l'État de nouvelles attributions. C'est ce mot qui sert de drapeau aux théories interventionnistes plus ou moins modérées, auxquelles se rallient bien des adversaires convaincus de la franche doctrine socialiste, sans se douter qu'ils font ainsi le premier pas dans la voie qui mène inévitablement au socialisme, et qu'ils consacrent cette doctrine comme l'idéal de progrès vers lequel doit marcher l'humanité.

C'est au nom de la solidarité qu'on demande à l'État de produire et de distribuer les services moraux qui consistent à diminuer les inégalités naturelles entre les hommes, en attendant qu'on lui demande de produire et de distribuer la richesse matérielle.

Et cette idée que l'État doit être l'agent de la solidarité a tellement de force, elle est tellement répandue parmi les hommes qui s'occupent d'affaires publiques, qu'on a pu l'entendre proclamer par le premier magistrat de la République Française, répondant à des citoyens qui lui signalaient tout ce qu'a pu faire dans une grande ville, pour les œuvres de solidarité, l'initiative privée, et qui protestaient contre la prétention de l'État de se substituer à elle.[1]

Cette opinion d'un homme que non seulement ses concitoyens ont élevé au plus haut poste de l'Etat, mais que ses origines, son caractère, ses occupations professionnelles, tout son passé en un mot, ont dû éloigner des théories décevantes et sans sanction pratique, doit avoir une telle importance, et exercer une telle influence sur l'esprit de tous les citoyens, électeurs ou élus, qui se préoccupent du bien public ; elle est un symptôme tellement probant de la facilité avec laquelle se laissent séduire par les mirages de l'interventionnisme, des hommes que leur carrière a le mieux mis à même d'apprécier les pernicieux effets des réglementations d'Etat, que les esprits qui restent fidèles à leur foi dans les bienfaits de la liberté, ne sauraient avec trop d'ardeur la combattre et chercher à démontrer les erreurs sur lesquelles elle repose.

Certes, si nous prenons le mot de solidarité dans son acception la plus large, l'œuvre nécessaire de l'Etat, l'œuvre en vue de laquelle même il est constitué, est une œuvre de solidarité. — Tous les rapports humains sont dominés par le besoin de solidarité qui incite les hommes à mettre en commun leurs forces pour en retirer un plus large

---

(1) Discours prononcé à Lyon par M. le Président de la République, le 1er Mars 1896, à la suite de celui prononcé par M. Isaac, vice-président de la Chambre de Commerce.

produit : l'idée instinctive de solidarité est à la base de l'échange, et c'est elle qui conduit les hommes à perfectionner indéfiniment les bienfaits de l'échange par la division indéfinie du travail, de sorte que ce grand fait économique est celui qui agit le plus puissamment pour développer la solidarité entre les hommes.

Lors donc que des individus dont les circonstances ont fait une nation, confient ou laissent prendre la tâche du gouvernement à un pouvoir qu'ils appellent l'État, ils obéissent en même temps au besoin de solidarité qui leur fait sentir la nécessité de veiller à certains intérêts communs, et au principe de la division du travail qui les oblige, pour que cette œuvre de solidarité soit le mieux remplie possible, à s'en décharger sur un petit nombre d'entre eux, qui pourront s'y consacrer entièrement et y développer leur compétence.

Mais de ce que les fonctions naturelles, essentielles et incontestées de l'État répondent à un besoin déterminé de solidarité, est-on fondé à conclure que toutes les œuvres de solidarité, dans le sens plus spécial de ce mot, soient de son ressort ?

L'esprit de solidarité, tel qu'on l'entend couramment, c'est le sentiment élevé de la justice que possèdent, à un degré différent, la plupart des hommes, et qui les porte à souhaiter de voir disparaître les inégalités entre leurs semblables. Pour produire des effets utiles à la société, ce sentiment doit être éclairé, c'est-à-dire qu'il doit s'attaquer

non pas aux inégalités absolues que sont les diffé-
rences entre le sort des individus qui jouent dans
la société des rôles plus ou moins utiles, mais aux
inégalités relatives qui empêchent chacun de
jouer le rôle auquel il est le plus apte, ou de recevoir une rémunération en rapport avec l'importance de ce rôle.

Ce sentiment, et les œuvres au moyen desquelles
il cherche à se donner satisfaction, peuvent naître
et se développer sous la seule influence de l'intuition des intérêts généraux et permanents de l'humanité, qui fait résider l'amélioration continue de
son sort dans une somme toujours croissante de
justice, et grâce à l'élévation de caractère de certains hommes qui sont satisfaits d'avoir travaillé
pour les générations futures. — Il peut être inspiré
aussi par une conception moins large, mais tout
aussi fertile en résultats heureux, c'est-à-dire par
la conscience que peuvent avoir les hommes de
l'intérêt existant pour eux-mêmes, pour leur entourage ou pour leur descendance immédiate, à ce
qu'une plus grande justice règne parmi des catégories déterminées d'individus, ou parmi les individus susceptibles de se trouver dans des catégories déterminées de circonstances.

Que l'on considère l'un ou l'autre de ces mobiles
de l'esprit de solidarité, rien ne démontre la supériorité ni même la compétence de l'État. — Dans
le premier cas, il faudrait admettre que les
hommes qui composent l'État sont toujours les
plus clairvoyants, les plus intelligents, les plus

désintéressés. — Dans le second, il faudrait fouler aux pieds le principe de la division du travail (dont les socialistes eux-mêmes ne songent cependant à contester ni l'existence, ni l'action bienfaisante) en supposant à ces mêmes hommes, les aptitudes nécessaires pour saisir et satisfaire les besoins les plus nombreux et les plus divers.

En résumé, le sentiment de la solidarité humaine existe dans la constatation de tous les besoins que les hommes ne pourraient satisfaire s'ils vivaient isolés, et dont les rapports existant entre eux leur permet d'espérer la satisfaction. — Cette constatation se résout en des efforts pour fournir les produits ou les services destinés à satisfaire ces besoins. — L'esprit de solidarité, selon la signification la plus étroite de ce terme, est la constatation d'un besoin moral, celui de diminuer les inégalités qui empêchent les hommes de tirer de leurs facultés tout le profit possible pour eux-mêmes et pour la société, ou simplement de recueillir pour eux-mêmes une part équitable de ce profit. Enfin les œuvres par lesquelles se manifeste l'esprit de solidarité sont les services moraux qui doivent satisfaire à ce besoin moral].

Pourquoi songe-t-on à charger l'Etat de la production de ces services? Y est-il plus apte que l'initiative privée? Enfin, si son aptitude est inférieure ou seulement égale à celle de l'initiative privée, est-il sage de l'en charger?

Telles sont les quest'ons qui se posent et que nous voudrions examiner.

Nous rechercherons tout d'abord si cette tendance des hommes politiques à vouloir confier à l'Etat le soin de fournir ces services moraux, repose sur l'expérience et sur la tradition.

Si nous passons en revue les principales fonctions incontestées de l'Etat, c'est-à-dire les services dont on considère en général la production comme lui incombant naturellement et essentiellement, il nous semble évident qu'ils n'ont pas de rapport, ou qu'ils n'en ont qu'un très lointain, avec les services moraux dont il est ici question.

S'agit-il de la sécurité extérieure et intérieure? S'agit-il de la justice? — Ce sont là des services destinés à garantir également les droits *acquis* de tous les individus, c'est-à-dire la propriété d'abord de l'usage de leurs facultés, puis des fruits qu'ils ont pu en retirer. — L'Etat, en exerçant cette mission de garantir les droits *acquis* n'a pas à rechercher et à juger les circonstances plus ou moins favorables dans lesquelles ils l'ont été; il doit lui suffire de savoir, en ce qui concerne la sécurité que ces droits sont en butte à la violence, et en ce qui concerne la justice qu'ils n'ont pas pour origine des atteintes portées au droit d'autrui par des faits déterminés, classés et condamnés comme blâmables par l'expérience dont le droit écrit est la consécration. — Il n'y a donc là rien de commun avec les services qui consistent, en vue de *faire acquérir* aux individus des droits plus importants et plus en rapport avec les efforts faits par eux pour exercer au mieux leurs facultés, à améliorer les circonstances contre lesquelles ils peuvent avoir à lutter.

Ce n'est pas non plus un service de cette nature que le service de conservation générale de la propriété restant commune et indivise entre tous les citoyens d'une nation. — C'est là encore un service de garantie des droits acquis, non plus par des individus isolés, mais par des groupes d'individus, sur des richesses naturelles qui ne se peuvent partager sous peine de destruction.

En dehors de ces grands services généraux, dont personne ne songe à contester le monopole à l'Etat, non pas parce que la collectivité plus ou moins anonyme qui se cache sous ce nom a plus de compétence pour une tâche quelconque que des individualités responsables, mais parce que le besoin de sécurité et de justice est le même pour tous les citoyens d'une nation, et que les services destinés à le satisfaire doivent être fournis pour tous sous la même forme et d'une manière égale sinon en quantité, du moins en qualité ; en dehors, disons-nous de ces grands services généraux, il est certains services accessoires que l'État moderne s'est habitué à rendre, et qui possèdent indubitablement, jusqu'à un certain point, le caractère des services de solidarité dont nous nous occupons.

Mais si l'utilité du rôle de l'Etat dans la production de ces services n'est, ici non plus, guère contestée, bien que les conceptions qui consistent à les voir revenir à l'initiative privée n'aient rien d'utopique et puissent même, à notre avis, être considérées comme les articles extrêmes d'un programme libéral radical, cela tient à des causes diverses et spéciales. — Les principales sont, d'abord, qu'il s'agit là de satisfaire à des besoins, non pas tout à fait semblables pour l'unanimité des citoyens, mais se rapprochant beaucoup de cette uniformité; ensuite, et ces deux causes peuvent d'ailleurs être considérées comme dépendant l'une de l'autre, que l'initiative de la production de ces services a été prise par l'État.

Voici, par exemple, le service des postes. — Il est certain que le besoin du citoyen qui y a recours pour faire parvenir une lettre d'une extrémité à l'autre du pays et dans un village perdu est beaucoup plus intense que pour celui qui s'évite par ce moyen une légère perte de temps pour changer de quartier dans la même ville, et qu'il en coûte davantage à le satisfaire. — Néanmoins, personne ne songe à s'étonner que l'État ne réclame pas davantage au premier qu'au second. — Il y a là sans aucun doute, dans un domaine matériel, un service de solidarité qui permet aux individus de lutter à armes égales contre des obstacles extérieurs, dans l'espèce contre la distance et la difficulté des communications; et nous voyons cependant que ce service est étendu sous la même forme à la généralité des citoyens d'un même pays, et qu'il est le monopole de l'État.

La raison en est que l'État a toujours eu le monopole de ce service, ayant pris l'initiative de le fournir; ensuite que le besoin à satisfaire est pour tous les individus, beaucoup plus semblable à lui-même qu'il ne le paraît, parce qu'en dehors de la nécessité de faire parvenir les lettres à destination, il comporte celle de s'assurer moyennant une prime légère contre les innombrables ennuis d'une taxation différente dans les différents déplacements de l'expéditeur et pour les différentes résidences des destinataires. — Malgré cela, il n'est pas du tout prouvé qu'il soit impossible de concevoir un service des postes fait par des entreprises privées sachant mieux proportionner le service fourni et payé au besoin éprouvé, que ne le fait l'État qui, malgré les apparences, ne se tire pas de cette besogne sans une charge pour les contribuables. (1)

Un autre service rendu par l'État, et qui constitue incontestablement un de ces services moraux destinés à fournir des armes aux individus pour obtenir le sort auquel ils ont droit, c'est celui de l'instruction gratuite. Ce service est fourni, en ce qui concerne l'instruction élémentaire, à tous les individus qui veulent en profiter, et à un grand nombre d'autres sous la forme de bourses, en ce qui concerne l'instruction à des degrés supérieurs. — Mais il y a lieu de remarquer que ce service est de création récente et que la grande extension qu'on a donnée au rôle de l'État est la première manifestation, dont l'utilité est loin d'être incontestée ni incontestable, de la tendance que nous

---

(1) Voir L'État Moderne et ses fonctions, par Paul Leroy-Beaulieu, page 163 (Guillaumin et Cⁱᵉ, éditeurs).

combattons. — Il y avait sans aucun doute un intérêt majeur, qui était peut-être autant un intérêt de sécurité qu'un intérêt de solidarité dans le sens spécial de ce mot, à ce que tous les citoyens fussent dotés des tout premiers éléments d'instruction; à un degré rudimentaire, le besoin d'instruction est le même pour tout le monde et nous accordons qu'il entrait dans les fonctions de l'État de satisfaire à ce besoin simple. — Mais nous restons convaincus qu'au delà de ce degré tout à fait élémentaire, l'État fait de mauvaise besogne, satisfait mal aux besoins qu'il cherche à contenter, et complique plutôt qu'il ne les améliore les inégalités naturelles. — En tous cas, ce qui est acquis à l'État dans ce domaine doit être considéré comme un maximum, et son rôle doit être plutôt un rôle provisoire destiné à propager le besoin d'instruction, qui plus répandu et plus exigeant, sera mieux satisfait par l'initiative privée.

Il est un autre service de l'État qui se rattache, de moins près, à l'idée de solidarité morale; c'est celui qui consiste à distinguer le mérite et à le récompenser par des faveurs, des distinctions telles que les décorations. Bien que ce soit là un des cas dans lesquels la masse des citoyens est le mieux à même de toucher du doigt les défauts de l'intervention de l'État. de constater combien l'esprit d'intrigue a plus de part que le mérite réel dans la distribution des récompenses, et combien par conséquent les services produits par l'État satisfont davantage les appétits que les besoins légitimes, les libéraux et les adversaires les plus déterminés de l'interventionnisme ne paraissent guère avoir songé à le dénoncer. — C'est que ce service appartient par tradition à l'État; mais si, dans le passé, dans les civilisations basées sur la conquête et qui réservaient les faveurs aux hommes chargés de produire et de conserver les fruits de la conquête, l'État a pu s'acquitter convenablement de ce service, il n'en est pas de même dans nos civilisations basées sur le travail, et dans lesquelles il est enfantin de vouloir attribuer à un pouvoir quelconque le soin de jauger et de classer le mérite du travail sous ses innombrables formes.

L'intuition de l'idée que nous exprimons est si répandue que l'on entend généralement dénoncer la puérilité de la passion des décorations, et que les hommes qui les désirent avec le plus d'ardeur sont ceux qui se cachent davantage de les rechercher. — Pourquoi donc conserver à l'Etat un service qui répond si manifestement plus à une faiblesse humaine qu'à un besoin? — Les libéraux s'honoreraient en inscrivant dans leur programme cette réforme comme l'une des premières à réaliser, parce qu'elle est une de celles qui satisferaient l'intérêt général en froissant le moins d'intérêts particuliers respectables. — Elle serait plus grosse qu'elle ne semble, car elle restituerait aux affaires publiques une partie du temps que les hommes qui composent l'État passent autour des batailles de la vanité, et retirerait à ceux-ci un de leurs meilleurs moyens de mésuser du pouvoir; elle rehausserait la dignité des ambitions légitimes en les habituant à rechercher leur satisfaction plus dans la conscience des services rendus et dans l'estime des hommes capables de les apprécier, et moins dans l'insigne si souvent trompeur de ces services.

Nous venons de voir que la tendance à vouloir charger l'Etat de la production des œuvres de solidarité ne repose pas sur la tradition puisqu'il n'a été fait dans cette voie que des essais dont le succès au point de vue des effets sociaux est encore à démontrer.

Où faut-il chercher la raison de cette tendance? Est-ce que l'initiative privée se serait jusqu'ici montrée moins capable que l'État d'imaginer des services répondant aux multiples formes sous lesquelles se manifeste le besoin de solidarité? Mais qu'est-ce donc que l'État a inventé dans ce domaine! Qu'a-t-il fait, ou que propose-t-il de faire en matière d'assurances, d'assistance morale ou matérielle, d'instruction populaire, de logements à bon marché, etc., que des individus librement associés n'aient réalisé avant lui?

Donc la conception de l'État entrepreneur de services de solidarité morale ne repose sur des besoins constatés ni par la tradition ni par une expérience récente.

Est-ce une raison suffisante pour repousser cette

conception sans être taxé de réactionnarisme? Et pour nouvelle qu'elle soit, est-il démontré qu'elle soit mauvaise? — Si l'État ne s'est pas jusqu'ici révélé comme plus apte que l'initiative privée à découvrir et à satisfaire les besoins de solidarité, ne peut-il cependant posséder cette aptitude à un degré égal?

Il est à cela un empêchement majeur; c'est la multiplicité et la variété de ces besoins. Les œuvres de solidarité sont des entreprises morales soumises comme les entreprises de production aux règles de la division du travail et de la capacité de direction; celles-ci ne sont utiles que si elles réalisent une somme de produits supérieure à celle des frais de production, celles-là que si elles fournissent une somme de services supérieure à celle des gênes directes et indirectes qu'elles occasionnent. — Mal dirigées, les unes tombent dans la faillite, les autres dans le discrédit moral; mais les unes comme les autres ne peuvent être bien dirigées que par un homme ou un groupe d'hommes possédant, avec l'initiative et la responsabilité, une capacité de direction en rapport avec l'importance de la production.

Si les produits ou les services à fournir sont d'une production simple et semblables pour tous les individus qui ont à consommer les uns et à bénéficier des autres, on peut arriver à trouver des hommes possédant une capacité de direction qui, même sans l'aiguillon de la concurrence, saura sans trop de déperdition de forces, satisfaire tant bien que mal aux besoins d'un nombre considérable d'individus.

Mais lorsque ces besoins sont infiniment variables dans leur nature et dans leur durée, comme c'est le cas pour les besoins de solidarité et dans un grand pays comme la France, comment concilier la production des services qu'ils réclament avec la capacité, forcément très limitée en étendue comme en durée, des quelques hommes qui, dans l'État, possèdent l'initiative et la responsabilité de la direction ?

N'est-il pas infiniment préférable que pour chaque besoin, pour chaque forme sous laquelle il se présente, dans le rayon plus ou moins étendu que pourra embrasser la capacité de direction de celui qui en sera l'âme, se crée une œuvre spéciale de solidarité ! Les services ne seront-ils pas ainsi infiniment mieux proportionnés aux besoins, la part de l'intrigue et de la fraude dans leur distribution ne sera-t-elle pas considérablement diminuée ?

Mais une grosse objection que l'on nous fera, c'est que si l'initiative privée est plus capable que l'État de produire les services de solidarité, elle n'y est pas suffisamment incitée par l'appât de la récompence sans lequel il est inutile de demander à l'homme aucun effort sérieux. — Les services moraux, nous dira-t-on, ne se rémunèrent pas en monnaie, c'est-à-dire en une utilité qui se puisse échanger contre toute autre, au gré des besoins et des désirs ; ils ne peuvent trouver leur récompense que'dans la reconnaissance ou la considération d'autrui, ou même, tant est grande l'ingratitude humaine, dans la seule satisfaction de la conscience individuelle ; et bien peu d'individus ont la force d'âme nécessaire pour travailler en vue d'une récompense de cette nature. — Il faut donc, prétendra-t-on, qu'un pouvoir supérieur assure la tâche de satisfaire la conscience publique en réalisant ses aspirations vers la justice.

Nous ferons tout d'abord observer que certains services qui ont incontestablement le caractère de services de solidarité morale, tels que les assurances sur la vie et contre les accidents, ont pu s'établir en vue de procurer à ceux qui les fournissent une rémunération matérielle, et qu'il n'est nullement prouvé que l'esprit d'invention et de combinaison ne puissent découvrir le moyen de soumettre à ce mobile la production d'autres services moraux.

Mais en admettant l'insuffisance actuelle de ce mobile et de ceux dictés par la conscience individuelle, comment ne pas sentir l'impossibilité d'y suppléer par la constitution d'un pouvoir public chargé de fournir des services effectifs aux multiples besoins précis dont l'ensemble forme les aspirations vagues de la conscience publique. — Aux hommes qui seront les dépositaires de ce ce pouvoir il faudra, à eux aussi, leur récompense, matérielle ou morale, et cette récompense, ils ne la recevront pas directement de ceux auxquels ils auront rendu les services de solidarité, mais de l'opinion publique. — Ils chercheront donc à fournir des services qui répondront beaucoup moins à des besoins précis, qu'à des formules brillantes, vagues et flottantes, plus susceptibles de séduire cette opinion publique, c'est-à-dire l'opinion d'un grand nombre d'hommes réunis qui n'ont ni le loisir ni la compétence voulus pour examiner en détail la nature de chaque besoin et la valeur de chaque service proposé pour le satisfaire. — Dans l'immense majorité des cas, les services taillés sur ces formules ne s'adapteront pas aux besoins à satisfaire.

Nous sentons que les esprits préoccupés du besoin de solidarité et qui cherchent dans l'intervention de l'État le moyen de le satisfaire, ne se rendront pas encore aux arguments que nous venons d'exposer.

Peut-être reconnaîtront-ils l'absence de supériorité, la notoire infériorité même de l'Etat, tant dans les mobiles que dans les effets, à produire les services moraux qu'on peut demander à l'initiative privée. — Mais ils persisteront à vouloir le faire intervenir, ne fût-ce qu'à titre provisoire d'encouragement à l'initiative privée, pour la production de ces services dans les domaines et dans les parties du pays où celle-ci s'est encore montrée lente et inhabile.

La formule de cette opinion est tout entière dans l e discours auquel nous faisions plus haut allusion, de M. le Président de la République. —

« De nombreuses œuvres de solidarité morale,
» dit-il en substance, se sont créées à Lyon : c'est
» parfait, mais toutes les villes de France n'ont
» pas fait comme Lyon, et ce que vous, Lyonnais,
» avez fait pour vos concitoyens, nous devons, nous
» État, le faire pour la nation entière. »

Mais pourquoi en est-il ainsi? Est-ce donc que
les habitants de Lyon, avec ceux, d'ailleurs, de
bien d'autres grandes villes qui ont fait de même
sur tous les points du territoire, seraient nés meilleurs, plus généreux, plus intelligents que la généralité des citoyens français? — Non, sans doute.
Mais la production des services moraux, comme
celle des produits, nait spontanément tout d'abord
là où le besoin s'en fait le plus vivement sentir; et
plus sont importantes les agglomérations qui
naissent, sur certains points, d'une civilisation
plus active, plus y est dure la lutte pour la vie,
plus y sont aigües les souffrances provoquées par
les inégalités naturelles que les œuvres de solidarité cherchent à diminuer. Il est aussi insensé de
vouloir étendre à tout le pays les effets des œuvres
de solidarité qu'on trouve dans les grandes villes,
qu'il le serait de vouloir doter tous les villages,
aux frais de l'État, de tramways, de gaz et d'élec-
tricité.

La diffusion de l'instruction, l'amélioration des
moyens de communication, la poste, le télégraphe,
la merveilleuse puissance de propagande de la
pensée fixée par l'imprimerie, sont là pour faire
connaître aux esprits alertes et entreprenants, dans

les plus petits recoins du pays; les bienfaits de la civilisation morale comme de la civilisation matérielle; le besoin de solidarité se développera, comme les autres, toujours plus pressant, mais toujours plus divers et plus spécialisé dans ses aspirations, suivant les temps et suivant les lieux; partout où sera mûre une de ces œuvres de solidarité que vous admirez à Lyon, partout elle naîtra.

Dès qu'il est démontré que l'État est moins apte que l'initiative privée à la production de services quelconques, même si ces services ne sont pas encore répandus d'une façon générale, sa totale abstention est désirable.

Il ne suffit pas, en effet, de travailler; il faut écouler le fruit de son travail, il faut lui trouver des consommateurs pour le rémunérer, et c'est là le criterium de l'utilité des produits ou des services. — Si le producteur ne trouve pas en argent, en honneurs, en considération, ou, pour les œuvres les plus désintéressées, en satisfaction intime, l'équivalent de l'argent, du temps et des efforts qu'il a consacrés à la production, c'est que les produits ou les services qu'il a fournis n'ont pas une utilité suffisante, c'est-à-dire qu'ils n'ont pas procuré à autrui des satisfactions égales à celles dont il s'est privé. — Il est bon de chercher à satisfaire tous les besoins, toutes les aspirations; mais si l'on n'y parvient qu'en privant de satisfactions un plus grand nombre d'autres besoins et d'autres aspirations, on aura fait œuvre mauvaise. — C'est pourquoi toutes les œuvres utiles subsistent, pourquoi disparaissent toutes celles qui sont ou inutiles, ou hâtives, ou mal conçues. [1]

(1) M. Yves Guyot nous fait observer que cette thèse lui semble inexacte ou tout au moins trop absolue. « Des inventeurs, nous écrit-il, » ont pu mourir ruinés ; et cependant les services qu'ils ont rendus à » l'humanité étaient considérables, quoiqu'ils ne fussent pas appréciés » par leurs contemporains. Tel homme, loin d'être rémunéré pour les » services qu'il rend, peut être persécuté et condamné à la misère. — » Il ne faut donc pas juger seulement par les salaires et les honneurs la » valeur des hommes. — L'instruction supérieure ne peut exister que par » des subventions de l'État, de corporations ou de particuliers. »

Cette observation est incontestablement exacte ; mais si M. Yves Guyot a pu croire que nous n'avons pas été frappé du fait social qu'il nous signale, c'est que nous n'avons pas exprimé notre pensée d'une manière suffisamment claire.

Certes, on ne peut mesurer l'utilité des produits de l'industrie et surtout de l'intelligence humaine, à la rémunération extérieure qu'ils reçoivent. — Nous considérons que la valeur du travail de M. Yves Guyot, champion le plus déterminé et le plus infatigable de la liberté, n'est pas inférieure à celle des services incontestables qu'a rendus M. Yves Guyot, député et ministre. — Cependant M. Yves Guyot député et ministre recevait des traitements et des honneurs, tandis que M. Yves Guyot publiciste récolte surtout la haine et les injures de ses adversaires, la méfiance de la foule ignorante ; à cela se joignent bien, sans doute, la reconnaissance et l'admiration d'un certain nombre d'esprits éclairés, mais n'aurait-il pas cette compensation que, sans aucun doute, M. Yves Guyot n'en poursuivrait pas moins l'œuvre qu'il croit bonne. — Il en est de même de l'homme de génie qui a confiance dans une invention qui devra produire, fût-ce longtemps après sa mort, des résultats merveilleux pour l'humanité.

C'est pourquoi nous avons introduit, parmi les facteurs de la rémunération des services, *la satisfaction intime* du producteur. — C'est là, nous dira-t-on, une mesure bien vague, bien variable de l'utilité des services ; elle ne s'en adapte pas moins à cette utilité, qui est elle-même excessivement vague et variable dans le temps et dans l'espace ; mieux que toutes les satisfactions matérielles, et moins exempte de déceptions, cette rémunération morale répond au besoin de récompense des hommes, qui varie suivant la largeur de leurs vues. — Un homme peut sans doute produire un service inutile ou nuisible et se trouver parfaitement heureux à la pensée de ce qu'il a fait ; mais c'est alors qu'il est lui-même très médiocre. — Plus un service est utile, plus la satisfaction intime que sa production procure à l'individu qui l'a rendu représente la rémunération d'une intelligence et d'un caractère supérieurs ; plus, par conséquent la valeur de cette rémunération compense l'insuffisance du salaire extérieur.

Le service que rendent les individus ou les groupes d'individus qui donnent à leurs semblables les moyens de se procurer l'instruction supérieure est de ceux qui ne peuvent trouver qu'une rémunération de cette nature élevée ; et c'est parce que sont rares les individus capables d'apprécier cette rémunération, qu'on peut jusqu'à un certain point admettre en cette matière l'intrusion de l'État, dont nous dirons cependant, avec M. Paul Leroy-Beaulieu, qu'un excès d'abstention est préférable à un excès d'intervention.

Mais l'État n'est pas un producteur comme un autre. — Il fournit bien les services en vue d'une rémunération matérielle ou morale pour les hommes qui le composent, mais les privations nécessaires à la production, ce ne sont pas ces hommes qui en souffrent : ils en font souffrir autrui. — C'est l'impôt.

Et si l'État est inapte aux œuvres qu'il entreprend, c'est-à-dire si ces œuvres imposent à certains citoyens des privations supérieures aux privations qu'elles évitent aux autres, les seconds ne cessent pas de réclamer et de consommer le service fourni, tandis que les premiers, incapables de discerner parmi les charges qu'ils supportent, celles nécessaires à la satisfaction des besoins communs de celles qui alimentent les œuvres inutiles de l'État, protestent mollement. — Ce phénomène se produit d'autant plus facilement que presque toujours les mêmes citoyens font partie à la fois des deux catégories, mais qu'ils aperçoivent mieux les avantages d'un service qu'ils reçoivent directement, que les désavantages plus nombreux des mille services auxquels ils participent indirectement. — C'est ainsi que les œuvres inutiles de l'État, ses œuvres nuisibles par le gaspillage de forces qu'elles comportent, continuent à fonctionner, au grand détriment de l'intérêt général. — C'est ainsi que sous prétexte de soulager le malaise social, on l'aggrave indéfiniment, jusqu'à ce qu'une violente révolution, un mouvement de colère du peuple qui souffre d'un mal qu'il ne comprend pas, vienne déplacer, mais en l'aggravant, la cause de ce mal, et faire perdre le fruit de longues années de civilisation.

D'ailleurs, loin d'encourager ainsi l'initiative privée dans la production des services de solidarité, on la décourage, parce que l'impôt est perçu sur tous les citoyens et qu'on confisque aussi bien les forces productrices des hommes qui sauraient les employer en œuvres de solidarité, que de ceux qui sont encore inhabiles à le faire. — Lyon fait son devoir, Lyon donne un bel exemple de solidarité, mais comme toutes les villes de France ne font pas de même, on imposera à Lyon encore de nouveaux sacrifices en faveur de ces villes !

Cette conséquence absurde de l'intervention de l'État est inéluctable ; cette intervention ne signifie rien et n'a aucun effet si l'État ne met pas à son service sa puissance coërcitive, et de par cette puissance, il est condamné, lorsqu'il veut protéger les hommes contre des maux possibles qui n'ont pas pour cause unique leur qualité, égale pour tous de citoyens, à ne protéger que l'incapacité et l'imprévoyance.

Notre conclusion, c'est que, malgré tous les séduisants sophismes qu'on peut étaler, l'intervention de l'État en matière d'œuvres de solidarité ne répond pas à un besoin constaté et ne peut avoir que de funestes conséquences.

Les prétendues aspirations du peuple vers ce Paradis dont ses élus doivent lui ouvrir les portes, sont factices. — Les hommes qui briguent ses suffrages l'ayant de tout temps habitué davantage à flatter ses désirs qu'à lui faire comprendre ses droits et ses devoirs, il lui arrive d'employer son droit de vote en faveur des plus habiles dans la flatterie ; mais au fond, il ne croit pas à leurs promesses, et s'en rapporte bien plus à lui-même qu'à ses tuteurs les plus favoris, pour la satisfaction de ses mille besoins d'amélioration sociale.

Cette conception, caressée par tous ceux qui ont quelque chose à glaner dans le champ de la politique, n'est que le produit de l'ambition ou de la fatuité plus ou moins inconsciente des hommes publics ; les uns, ne regardant à aucune promesse pour arriver au pouvoir ; les autres prétendant imposer au pays de décevantes panacées, sous prétexte que dans tel ou tel cas particulier, ils en ont reconnu l'efficacité.

Elle ne peut être admise que par les esprits faibles, légers et indifférents qui se refusent à comprendre l'importance qu'il y a à ce que soit mise en lumière la nature exacte des rapports sociaux ; et par les égoïstes qui en se déchargeant sur une entité du soin de travailler à l'amélioration de ces rapports, s'évitent d'y consacrer un peu de leur temps, de leurs ressources et de leur-intelligence.

TABLE des MATIÈRES

ERRATA

page 7   ligne 30   *lire :* qui ont trop de temps à donner à leurs affaires privées *au lieu de* privés qui ont trop de temps à donner à leurs affaires.

»   91   »   8   *lire :* général *au lieu de* bon

»   106   »   1   *lire :* sous lequel *au lieu de* sans lequel.

Librairie GUILLAUMIN

L'État Moderne et ses fonctions, par Paul Leroy-Beaulieu, 1 fort vol. in-8 .... Prix 9. »

Le Collectivisme, examen critique du nouveau socialisme, par le même, 1 vol. in-8 .... » 8. »

Traité de la Science des Finances, par le même, 2 forts vol. in-8 .... » 25. »

Traité théorique et pratique d'Économie Politique, par le même, 4 forts vol. in-8 .... » 36. »

Notions fondamentales d'Économie Politique et Programme Economique, par G. de Molinari, 1 vol. in-8 .... » 7.50

La Morale Economique, par le même, 1 vol. in-8.. » 7.50

En vente chez Delagrave

La Propriété. — Origine et Évolution. Thèse communiste, par Paul Lafargue. Réfutation par Yves Guyot. 1 vol. in-18, 500 pages .... 3 Fr. 50

YVES GUYOT

La Tyrannie Socialiste	Librairie Delagrave	1.25
Les Principes de 1789 et le Socialisme	»	1.25
La Science Économique	Librairie Reinvald	5 »
Trois Ans au Ministère des Travaux Publics	Librairie L. Chailley	3.50
La Morale de la Concurrence	Librairie Armand Colin	1. »
L'Économie de l'Effort	»	4 »

FRÉDÉRIC PASSY
MEMBRE DE L'INSTITUT

Vérités et Paradoxes	Librairie Delagrave	1.25

Imp. Jeanne d'Arc. — Havre